Тысяча и одна ночь

Арабские сказки

Художник Виктор Нечитайло

МОСКВА
РОСМЭН
2021

Вступление

Жил-был когда-то злой и жестокий царь Шахрияр. Он каждый день брал себе новую жену, а наутро убивал её. Отцы и матери прятали от царя Шахрияра своих дочерей и убегали с ними в другие земли. Скоро во всём городе осталась одна девушка — дочь визиря, главного советника царя, — Шахразада.

Грустный ушёл визирь из царского дворца и вернулся к себе домой, горько плача. Шахразада увидела, что он чем-то огорчён, и спросила:

— О батюшка, какое у тебя горе? Может быть, я могу помочь тебе?

Долго не хотел визирь открыть Шахразаде причину своего горя, но наконец рассказал ей всё. Выслушав своего отца, Шахразада подумала и сказала:

— Не горюй! Отведи меня завтра утром к Шахрияру и не беспокойся — я останусь жива и невредима. А если удастся то, что я задумала, я спасу не только себя, но и всех девушек, которых царь Шахрияр не успел ещё убить.

Сколько ни упрашивал визирь Шахразаду, она стояла на своём, и ему пришлось согласиться.

А у Шахразады была маленькая сестра — Дуньязада. Шахразада пошла к ней и сказала:

— Когда меня приведут к царю, я попрошу у него позволения послать за тобой, чтобы нам последний раз побыть вместе. А ты, когда придёшь и увидишь, что царю скучно, скажи: «О сестрица, расскажи нам сказку, чтобы царю стало веселей». И я расскажу вам сказку. В этом и будет наше спасение.

А Шахразада была девушка умная и образованная. Она прочитала много древних книг, сказаний и повестей. И не было во всём мире человека, который знал бы больше сказок, чем Шахразада, дочь визиря царя Шахрияра.

На другой день визирь отвёл дочь во дворец и простился с ней, обливаясь слезами. Он не надеялся больше увидеть её живой.

Шахразаду привели к царю, и они поужинали вместе, а потом Шахразада вдруг начала горько плакать.

— Что с тобой? — спросил её царь.

— О царь, — сказала Шахразада, — у меня есть маленькая сестра. Я хочу посмотреть на неё ещё раз перед смертью. Позволь мне послать за ней, и пусть она посидит с нами.

— Делай как знаешь, — сказал царь и велел привести Дуньязаду.

Дуньязада пришла и села на подушку возле сестры. Она уже знала, что задумала Шахразада, но ей всё-таки было очень страшно.

А царь Шахрияр по ночам не мог спать. Когда наступила полночь, Дуньязада заметила, что царь не может уснуть, и сказала Шахразаде:

— О сестрица, расскажи нам сказку. Может быть, нашему царю станет веселей и ночь покажется ему не такой длинной.

— Охотно, если царь прикажет мне, — ответила Шахразада.

Царь сказал:

— Рассказывай, да смотри, чтобы сказка была интересная.

И Шахразада начала рассказывать. Царь до того заслушался, что не заметил, как стало светать. А Шахразада как раз дошла до самого интересного места. Увидев, что всходит солнце, она замолчала, и Дуньязада спросила её:

— Ну а дальше что было, сестрица?

— Дальше я расскажу вам вечером, если только царь не велит меня казнить, — сказала Шахразада.

Царю очень хотелось услышать продолжение сказки, и он подумал: «Пусть доскажет вечером, а завтра я её казню».

Утром визирь пришёл к царю ни живой ни мёртвый от страха. Шахразада встретила его весёлая и довольная и сказала:

— Видишь, отец, наш царь пощадил меня. Я начала рассказывать ему сказку, и она так понравилась царю, что он позволил мне досказать её сегодня вечером.

Обрадованный визирь вошёл к царю, и они стали заниматься делами государства. Но царь был рассеян — он не мог дождаться вечера, чтобы дослушать сказку.

Как только стемнело, он позвал Шахразаду и велел ей рассказывать дальше. В полночь она кончила сказку.

Царь вздохнул и сказал:

— Жалко, что уже конец. Ведь до утра ещё долго.

— О царь, — сказала Шахразада, — куда годится эта сказка в сравнении с той, которую я бы рассказала тебе, если бы ты мне позволил!

— Рассказывай скорей! — воскликнул царь, и Шахразада начала новую сказку.

А когда наступило утро, она опять остановилась на самом интересном месте.

Царь уже и не думал казнить Шахразаду. Ему не терпелось дослушать сказку до конца.

Так было и на другую, и на третью ночь. Тысячу ночей, почти три года, рассказывала Шахразада царю Шахрияру свои чудесные сказки. А когда наступила тысяча первая ночь и она окончила последний рассказ, царь сказал ей:

— О Шахразада, я привык к тебе и не казню тебя, даже если бы ты не знала больше ни одной сказки. Не надо мне новых жён, ни одна девушка на свете не сравнится с тобой.

* * *

Так рассказывает арабская легенда о том, откуда взялись чудесные сказки «Тысячи и одной ночи».

Аладдин и его волшебная лампа

В одном персидском городе жил бедный портной Хасан. У него были жена и сын по имени Аладдин. Когда Аладдину исполнилось десять лет, отец его сказал:

— Пусть мой сын будет портным, как я, — и начал учить Аладдина своему ремеслу.

Но Аладдин не хотел ничему учиться. Как только отец выходил из лавки, Аладдин убегал на улицу играть с мальчишками. С утра до вечера они бегали по городу, гоняли воробьёв или забирались в чужие сады и набивали себе животы виноградом и персиками.

Портной и уговаривал сына, и наказывал его, но всё без толку. Скоро Хасан заболел с горя и умер. Тогда его жена продала всё, что после него осталось, и стала прясть хлопок и продавать пряжу, чтобы прокормить себя и сына.

Так прошло много времени. Аладдину исполнилось пятнадцать лет. И вот однажды, когда он играл на улице с мальчишками, к ним подошёл человек в красном шёлковом халате и большой белой чалме. Он посмотрел на Аладдина и сказал про себя: «Вот тот мальчик, которого я ищу. Наконец-то я нашёл его!»

Этот человек был магрибинец — житель Магриба[1]. Он подозвал одного из мальчиков и расспросил его, кто такой Аладдин, где живёт. А потом подошёл к Аладдину и сказал:

— Не ты ли сын Хасана, портного?

— Я, — ответил Аладдин. — Но только мой отец давно умер.

Услышав это, магрибинец обнял Аладдина и стал громко плакать.

— Знай, Аладдин, я твой дядя, — сказал он. — Я долго пробыл в чужих землях и давно не видел моего брата. Теперь я пришёл в ваш город, чтобы повидать Хасана, а он умер! Я сразу узнал тебя, потому что ты похож на отца.

Потом магрибинец дал Аладдину два золотых и сказал:

— Отдай эти деньги матери. Скажи ей, что твой дядя вернулся и завтра придёт к вам ужинать. Пусть она приготовит хороший ужин.

Аладдин побежал к матери и рассказал ей всё.

— Ты что, смеёшься надо мной?! — сказала ему мать. — Ведь у твоего отца не было брата. Откуда же у тебя вдруг взялся дядя?

— Как это ты говоришь, что у меня нет дяди? — закричал Аладдин. — Он дал мне эти два золотых. Завтра он придёт к нам ужинать!

---

[1] Ма́гриб — по-арабски «запад». Западом арабы называли западную часть Африки.

На другой день мать Аладдина приготовила хороший ужин. Аладдин с утра сидел дома, ожидал дядю. Вечером в ворота постучали. Аладдин бросился открывать. Вошёл магрибинец, а за ним слуга, который нёс на голове большое блюдо со всякими сластями. Войдя в дом, магрибинец поздоровался с матерью Аладдина и сказал:

— Прошу тебя, покажи мне место, где сидел за ужином мой брат.

— Вот здесь, — сказала мать Аладдина.

Магрибинец принялся громко плакать. Но скоро он успокоился и сказал:

— Не удивляйся, что ты меня никогда не видела. Я уехал отсюда сорок лет назад. Я был в Индии, в арабских землях и в Египте. Я путешествовал тридцать лет. Наконец мне захотелось вернуться на родину, и я сказал самому себе: «У тебя есть брат. Он, может быть, беден, а ты до сих пор ничем не помог ему! Поезжай к своему брату и посмотри, как он живёт». Я ехал много дней и ночей и наконец нашёл вас. И вот я вижу, что хотя мой брат и умер, но после него остался сын, который будет зарабатывать ремеслом, как его отец.

— Как бы не так! — сказала мать Аладдина. — Я никогда не видела такого бездельника, как этот скверный мальчишка. Хоть бы ты заставил его помогать матери!

— Не горюй, — ответил магрибинец. — Завтра мы с Аладдином пойдём на рынок, я куплю ему красивый халат и отдам его в ученье к купцу. А когда он научится торговать, я открою для него лавку, он сам станет купцом и разбогатеет... Хочешь быть купцом, Аладдин?

Аладдин весь покраснел от радости и кивнул головой.

Когда магрибинец ушёл домой, Аладдин сразу лёг спать, чтобы скорее пришло утро. Едва рассвело, он вскочил с постели и выбежал за ворота встречать дядю. Магрибинец вскоре пришёл. Прежде всего они с Аладдином отправились в баню. Там Аладдина хорошенько вымыли, обрили ему голову и напоили розовой водой с сахаром.

После этого магрибинец повёл Аладдина в лавку, и Аладдин выбрал себе самую дорогую и красивую одежду: жёлтый шёлковый халат с зелёными полосами, красную шапку и высокие сапоги.

Они с магрибинцем обошли весь рынок, а потом пошли за город, в лес. Был уже полдень, а Аладдин с утра ничего не ел. Он очень проголодался и устал, но ему было стыдно признаться в этом.

Наконец он не выдержал и спросил своего дядю:

— Дядя, а когда мы будем обедать? Здесь ведь нет ни одной лавки, а ты ничего не взял с собой из города. У тебя в руках только один пустой мешок.

— Видишь вон там, впереди, высокую гору? — сказал магрибинец. — Я хотел отдохнуть и закусить под этой горой. Но, если ты очень голоден, можно пообедать и здесь.

— Откуда же ты возьмёшь обед? — удивился Аладдин.

— Увидишь, — сказал магрибинец.

Они уселись под высоким густым деревом, и магрибинец спросил Аладдина:

— Чего бы тебе хотелось сейчас поесть?

Мать Аладдина каждый день варила к обеду одно и то же блюдо — бобы с конопляным маслом. Аладдину так хотелось есть, что он сразу ответил:

— Дай мне варёных бобов с маслом!

— А не хочешь ли ты жареных цыплят? — спросил магрибинец.

— Хочу! — обрадовался Аладдин.

— Не хочется ли тебе рису с мёдом? — продолжал магрибинец.

— Хочется! — закричал Аладдин. — Всего хочется! Но откуда ты возьмёшь всё это, дядя?

— Из этого мешка, — сказал магрибинец и развязал мешок.

Аладдин с любопытством заглянул в мешок, но там ничего не было.

— Где же цыплята? — спросил Аладдин.

— Вот! — сказал магрибинец. Он засунул руку в мешок и вынул оттуда блюдо с жареными цыплятами. — А вот и рис с мёдом, и варёные бобы, вот и виноград, и гранаты, и яблоки!

Магрибинец стал вынимать из мешка одно кушанье за другим, а Аладдин, широко раскрыв глаза, смотрел на волшебный мешок.

— Ешь, — сказал магрибинец Аладдину. — В этом мешке есть всякие кушанья. Опусти в него руку и скажи: «Хочу баранины, халвы, фиников» — и всё это у тебя будет.

— Вот так чудо! — сказал Аладдин. — Хорошо бы моей матери иметь такой мешок!

— Если будешь меня слушаться, — сказал магрибинец, — я подарю тебе много хороших вещей. А теперь выпьем гранатового соку с сахаром и пойдём дальше.

— Куда? — спросил Аладдин. — Я устал, и уже поздно. Пора домой.

— Нет, — сказал магрибинец, — нам нужно дойти сегодня вон до той горы. А когда мы вернёмся домой, я подарю тебе этот волшебный мешок.

Аладдину очень не хотелось идти, но, услышав про мешок, он тяжело вздохнул и сказал:

— Хорошо, идём.

Магрибинец взял Аладдина за руку и повёл к горе. Солнце уже закатилось, и было почти темно. Они шли очень долго и пришли к подножию горы. Аладдину было страшно, он чуть не плакал.

— Набери тонких и сухих сучьев, — сказал магрибинец. — Надо развести костёр. Когда он разгорится, я покажу тебе что-то такое, чего никто никогда не видел.

Аладдину очень захотелось увидеть то, чего никто никогда не видел. Он забыл про усталость и пошёл собирать хворост. Когда костёр разгорелся, магрибинец вынул из-за пазухи коробочку и две дощечки и сказал:

— О Аладдин, я хочу сделать тебя богатым и помочь тебе и твоей матери. Исполняй же всё, что я тебе скажу.

Он раскрыл коробочку и высыпал из неё в огонь какой-то порошок. И сейчас же из костра поднялись к небу огромные столбы пламени — жёлтые, красные и зелёные.

— Слушай внимательно, Аладдин, — сказал магрибинец. — Сейчас я начну читать над огнём заклинания, а когда я кончу, земля предо мной расступится, и ты увидишь большой камень с медным кольцом. Возьмись за кольцо и подними камень. Под камнем будет лестница, которая ведёт в подземелье. Спустись по ней и увидишь дверь. Открой эту дверь и иди вперёд. Ты встретишь страшных зверей и чудовищ, но

не бойся: как только ты дотронешься до них рукой, чудовища упадут мёртвыми. Ты пройдёшь три комнаты, а в четвёртой увидишь старуху. Она ласково заговорит с тобой и захочет тебя обнять. Не позволяй ей до себя дотронуться, иначе ты превратишься в чёрный камень. За четвёртой комнатой ты увидишь большой сад. Пройди его и открой дверь на другом конце сада. За этой дверью будет большая комната, полная золота и драгоценных камней. Возьми оттуда всё, что хочешь, а мне принеси только старую медную лампу, которая висит на стене, в правом углу. Когда ты принесёшь мне лампу, я подарю тебе волшебный мешок. А на обратном пути тебя будет охранять от всех бед вот это кольцо.

И он надел на палец Аладдину маленькое блестящее колечко.

Услышав о страшных зверях и чудовищах, Аладдин очень испугался.

— Дядя, — спросил он магрибинца, — почему ты сам не хочешь спуститься под землю? Иди сам за своей лампой, а меня отведи домой.

— Нет, нет, Аладдин, — сказал магрибинец, — никто, кроме тебя, не может пройти в сокровищницу. Клад лежит под землёй уже много сотен лет, и достанется он только мальчику по имени Аладдин, сыну портного Хасана. Слушайся меня, а не то тебе будет плохо!

Аладдин испугался ещё больше и сказал:

— Ну, хорошо, я принесу тебе лампу, но только смотри подари мне мешок!

— Подарю! Подарю! — закричал магрибинец.

Он подбросил в огонь ещё порошку и начал читать заклинания. Он читал всё громче и громче, и когда наконец выкрикнул последнее слово, раздался оглушительный грохот и земля расступилась перед ними.

— Поднимай камень! — закричал магрибинец страшным голосом.

Аладдин увидел у своих ног большой камень с медным кольцом. Он обеими руками ухватился за кольцо, потянул к себе камень и легко поднял его. Под камнем была большой круглая яма, а в глубине её виднелась узкая лестница. Аладдин сел на край ямы и спрыгнул на первую ступеньку лестницы.

— Ну, иди и возвращайся скорее! — крикнул магрибинец.

Аладдин быстро пошёл вниз. Чем ниже он спускался, тем темнее становилось вокруг, но он, не останавливаясь, шёл вперёд.

Дойдя до последней ступеньки, Аладдин увидел широкую железную дверь. Толкнув её, он вошёл в большую

полутёмную комнату и вдруг увидел посреди комнаты странного негра в тигровой шкуре. Негр молча бросился на Аладдина, но Аладдин дотронулся до него рукой, и он упал на землю мёртвым.

Аладдину было очень страшно, но он пошёл дальше. Он толкнул вторую дверь и невольно отскочил: перед ним стоял огромный лев с оскаленной пастью. Лев припал всем телом к земле и прыгнул прямо на Аладдина. Но едва его передняя лапа задела голову мальчика, как лев упал на землю мёртвым.

Аладдин от испуга весь вспотел, но всё-таки пошёл дальше. Он открыл третью дверь и услышал страшное шипение: посреди комнаты, свернувшись калачиком, лежали две огромные змеи. Они подняли головы и, высунув длинные жала, медленно поползли к Аладдину. Но как только змеи коснулись руки Аладдина своими жалами, их сверкающие глаза потухли и они растянулись на земле мёртвыми.

Дойдя до четвёртой двери, Аладдин осторожно приоткрыл её. Он просунул в дверь голову и увидел, что в комнате нет никого, кроме маленькой старушки, с головы до ног закутанной в покрывало. Увидев Аладдина, она бросилась к нему и закричала:

— Наконец-то ты пришёл, Аладдин, мой мальчик! Как долго я ждала тебя в этом тёмном подземелье!

Аладдин протянул к ней руки: ему показалось, что это его мать. Он хотел уже обнять её, но вовремя вспомнил, что если он до неё дотронется, то превратится в чёрный камень. Он отскочил назад и захлопнул за собой дверь. Подождав немного, он снова приоткрыл её и увидел, что в комнате уже никого нет.

Аладдин прошёл через эту комнату и открыл пятую дверь. Перед ним был прекрасный сад с густыми деревьями и душистыми цветами. На деревьях громко

щебетали маленькие пёстрые птички. Они не могли далеко улететь — им мешала тонкая золотая сетка, протянутая над садом. Все дорожки были усыпаны круглыми сверкающими камешками.

Аладдин бросился собирать камешки. Он запихивал их за пояс, за пазуху, в шапку. Он очень любил играть в камешки с мальчишками.

Камни так понравились Аладдину, что он чуть не забыл про лампу. Но когда камни некуда было больше класть, он вспомнил про неё и пошёл в сокровищницу. Это была последняя комната в подземелье, самая большая. Там лежали кучи золота, серебра и драгоценностей. Но Аладдин даже не посмотрел на них: он не знал цены золоту и дорогим вещам. Он взял только лампу и засунул её в карман. Затем он прошёл обратно к выходу и с трудом взобрался вверх по лестнице. Дойдя до последней ступеньки, он крикнул:

— Дядя, протяни мне руку и возьми мою шапку с камешками, а потом вытащи меня наверх: мне самому не выбраться!

— Дай мне сначала лампу! — сказал магрибинец.

— Я не могу её достать, она под камнями, — ответил Аладдин. — Помоги мне выйти, и я дам тебе её.

Но магрибинец не хотел помочь Аладдину. Он хотел получить лампу, а потом бросить Аладдина в подземелье, чтобы никто не узнал хода в сокровищницу. Он начал упрашивать Аладдина, но Аладдин ни за что не соглашался отдать ему лампу. Он боялся растерять камешки в темноте и хотел скорее выбраться на землю.

Когда магрибинец увидел, что Аладдин не хочет отдать ему лампу, он страшно рассердился и закричал:

— Ах, так ты не отдашь мне лампу? Оставайся в подземелье и умри с голоду!

Он бросил в огонь остатки порошка из коробочки, произнёс какие-то слова — и вдруг камень сам закрыл отверстие, и земля сомкнулась над Аладдином.

Этот магрибинец был вовсе не дядя Аладдина: он был злой волшебник и хитрый колдун. Он узнал, что в Персии лежит под землёй клад и открыть этот клад может только мальчик Аладдин, сын портного Хасана. Самое лучшее из всех сокровищ клада — это волшебная лампа. Она даёт тому, кто возьмёт её в руки, такое могущество и богатство, какого нет ни у одного царя.

Долго колдовал магрибинец, пока не узнал, где живёт Аладдин, и не нашёл его.

И вот теперь, когда лампа так близко, этот скверный мальчишка не хочет отдать её! А ведь если он выйдет на землю, он может привести сюда других людей, которые тоже захотят завладеть кладом.

Пусть же клад не достанется никому! Пусть погибнет Аладдин в подземелье! И магрибинец ушёл обратно в свою волшебную страну Ифрикию.

Когда земля сомкнулась над Аладдином, он громко заплакал и закричал:

— Дядя, помоги мне! Дядя, выведи меня отсюда, я здесь умру!

Но никто его не слышал и не ответил ему. Аладдин понял, что этот человек, который называл себя его дядей, — обманщик и лгун. Он побежал вниз по лестнице, чтобы посмотреть, нет ли другого выхода из подземелья, но все двери сразу исчезли, и выход в сад тоже был закрыт.

Аладдин сел на ступеньки лестницы, опустил голову на руки и заплакал.

Но как только он случайно коснулся лбом кольца, которое магрибинец надел ему на палец, когда спускал его в подземелье, земля задрожала, и перед Аладдином появился страшный джинн огромного роста. Голова

его была как купол, руки — как вилы, ноги — как столбы, а рот — как пещера. Глаза его метали искры, а посреди лба торчал громадный рог.

— Чего ты хочешь? — спросил джинн громовым голосом. — Требуй — получишь!

— Кто ты? Кто ты? — закричал Аладдин, закрывая себе лицо руками, чтобы не видеть страшного джинна. — Пощади меня, не убивай меня!

— Я Дахнаш, глава всех джиннов, — ответил джинн. — Я раб кольца и раб того, кто владеет кольцом. Я исполню всё, что прикажет мой господин.

Аладдин вспомнил о кольце, которое должно было его защитить, и сказал:

— Подними меня на поверхность земли.

Не успел он договорить эти слова, как очутился наверху, около входа в подземелье.

Уже настал день, и солнце ярко светило. Со всех ног побежал Аладдин в свой город. Когда он вошёл в дом, его мать сидела посреди комнаты и горько плакала. Она думала, что её сына уже нет в живых. Едва Аладдин захлопнул за собой дверь, как упал без чувств от голода и усталости. Мать побрызгала ему в лицо водой, а когда он очнулся, спросила:

— Где ты пропадал и что с тобой случилось? Где твой дядя и почему ты вернулся без него?

— Это вовсе не мой дядя, это злой колдун, — сказал Аладдин слабым голосом. — Я всё расскажу тебе, матушка, но только сперва дай мне поесть.

Мать накормила Аладдина варёными бобами — даже хлеба у неё не было! — и потом сказала:

— А теперь расскажи мне, что с тобой случилось.

— Я был в подземелье и нашёл там чудесные камни, — сказал Аладдин и рассказал матери всё, что с ним было.

Потом он заглянул в миску, где были бобы, и спросил:

— Нет ли у тебя ещё чего-нибудь поесть, матушка?

— Нет у меня ничего, дитя моё. Ты съел всё, что я сварила и на сегодня, и на завтра. Я так беспокоилась о тебе, что совсем не могла работать, и у меня нет пряжи, чтобы продать её на рынке.

— Не горюй, матушка, — сказал Аладдин. — У меня есть лампа, которую я взял в подземелье. Правда, она старая, но её всё-таки можно продать.

Он вынул лампу и подал её матери. Мать взяла её, осмотрела и сказала:

— Пойду почищу её и снесу на рынок. Может быть, за неё дадут столько, что нам хватит на ужин.

Она взяла тряпку и кусок мела и вышла во двор. Но как только она начала тереть лампу тряпкой, земля вдруг задрожала и появился ужасный джинн.

Мать Аладдина закричала и упала без памяти. Аладдин услышал крик. Он выбежал во двор и увидел, что мать лежит на земле, лампа валяется с ней рядом, а посреди двора стоит джинн такого огромного роста, что головы его не видно, а туловище заслоняет собой солнце.

Как только Аладдин поднял лампу, раздался громовой голос джинна:

— О владыка лампы, я к твоим услугам! Приказывай — получишь!

Аладдин уже начал привыкать к джиннам и не слишком испугался. Он поднял голову и крикнул как можно громче, чтобы джинн его услышал:

— Кто ты, о джинн, и что ты можешь делать?

— Я Маймун Шахмураша! Я раб лампы и раб того, кто владеет этой лампой, — ответил джинн. — Требуй от меня чего хочешь. Если тебе угодно, чтобы я разрушил город или построил дворец, — приказывай!

Когда он заговорил, мать Аладдина пришла в себя. Увидя джинна, она снова закричала от ужаса. Но Аладдин приставил руку ко рту и крикнул:

— Принеси мне две жареные курицы да ещё что-нибудь хорошее и потом убирайся, а то моя мать тебя боится!

Джинн исчез и скоро принёс стол, покрытый прекрасной снедью. На нём стояло двенадцать золотых блюд со всевозможными вкусными кушаньями и два кувшина с водой.

Аладдин с матерью начали есть и ели, пока не насытились.

— О матушка, — сказал Аладдин, когда они поели, — эту лампу надо беречь и никому не показывать. Она принесёт нам счастье и богатство.

— Делай как знаешь, — сказала мать, — но только я не хочу больше видеть этого страшного джинна.

Через несколько дней Аладдину с матерью опять стало нечего есть. Тогда Аладдин взял золотое блюдо, пошёл на рынок и продал его за сто золотых. С тех пор Аладдин каждый месяц ходил на рынок и продавал по одному блюду. Он узнал цену дорогим вещам и понял, что каждый камешек, который он подобрал в подземном саду, стоит дороже, чем любой драгоценный камень, какой можно найти на земле.

Однажды утром, когда Аладдин был на рынке, вышел на площадь глашатай[1] и закричал:

— Заприте лавки и войдите в дома. Пусть никто не смотрит из окон! Сейчас царевна Будур, дочь султана, пойдёт в баню, и никто не должен видеть её!

Купцы бросились запирать лавки, а народ, толкаясь, побежал с площади.

Аладдину очень захотелось поглядеть на царевну. Все в городе говорили, что красивее её нет девушки на свете. Аладдин быстро прошёл в баню и спрятался за дверью так, что никто не мог его увидеть.

Вся площадь вдруг опустела. Скоро вдали показалась толпа девушек на серых мулах под золотыми сёдлами. А посреди них медленно ехала девушка, одетая пышнее и наряднее всех других и самая красивая.

Это и была царевна Будур.

Она слезла с мула и, пройдя в двух шагах от Аладдина, вошла в баню. А Аладдин побрёл домой, тяжко вздыхая. Он не мог забыть о красоте царевны Будур.

«Правду говорят, что она красивее всех девушек, — думал он. — Если я не женюсь на ней, я умру».

Придя домой, он бросился в постель и пролежал до вечера. Когда мать спрашивала его, что с ним, он только махал на неё рукой. Наконец она так пристала к нему, что он не выдержал и сказал:

— О матушка, я хочу жениться на царевне Будур! Пойди к султану и попроси его выдать Будур за меня замуж.

— Что ты говоришь! — воскликнула старуха. — Тебе, наверное, напекло солнцем голову! Разве слыхано, чтобы сыновья портных женились на дочерях султанов?

---

[1] Глаша́тай — в старину человек, объявляющий народу официальные известия, приказы.

Поужинай лучше и усни. Завтра ты и думать не станешь о таких вещах.

— Не хочу ужинать! Хочу жениться на царевне Будур! — закричал Аладдин. — Пожалуйста, матушка, пойди к султану и посватай меня!

— Я ещё не сошла с ума, чтобы идти к султану с такой просьбой, — сказала мать Аладдина.

Но Аладдин упрашивал её до тех пор, пока она не согласилась.

— Ну хорошо, сынок, я пойду, — сказала она. — Но ты ведь знаешь, что к султану не приходят с пустыми руками. А что я могу ему принести хорошего?

Аладдин вскочил с постели и крикнул:

— Не беспокойся об этом, матушка! Возьми одно из золотых блюд и наполни его драгоценными камнями, которые я принёс из подземного сада. Это будет хороший подарок султану. У него, наверно, нет таких камней, как мои.

Аладдин схватил самое большое блюдо и доверху наполнил его драгоценными камнями. Его мать взглянула на них и закрыла глаза рукой: так ярко сверкали эти камни.

— С таким подарком, пожалуй, не стыдно идти к султану, — сказала она. — Не знаю только, повернётся ли у меня язык сказать то, о чём ты просишь. Но я наберусь смелости и попробую.

— Попробуй, матушка, — сказал Аладдин. — Иди поскорее!

Мать Аладдина покрыла блюдо тонким шёлковым платком и пошла ко дворцу султана.

«Как я буду говорить с султаном о таком деле? — думала она. — Кто мы такие, чтобы свататься к дочери султана? Я простая женщина, а мой муж был бедняком, и вдруг Аладдин хочет стать зятем великого султана! Нет, не хватит у меня смелости просить об этом. Конечно, султану, может быть, и понравятся наши драгоценные камни, но у него их, наверно, и так много. Хорошо, если меня только поколотят и выгонят из дивана[1]. Лишь бы не засадили в подземелье».

Так она говорила про себя, направляясь в диван султана по улицам города. Прохожие с удивлением

[1] Дива́н — собрание советников султана. Так же называется комната, в которой происходят эти собрания.

смотрели на старуху в дырявом платье, которую никто до сих пор не видел около дворца султана. Мальчишки прыгали вокруг и дразнили её, но старуха ни на кого не обращала внимания.

Она была так бедно одета, что привратники у ворот дворца попробовали даже не пустить её в диван. Но старуха сунула им монету и проскользнула во двор.

Скоро она пришла в диван и стала в самом дальнем углу. Было ещё рано, и в диване никого не было. Но понемногу он наполнился вельможами и знатными людьми в пёстрых халатах. Султан пришёл позже всех, окружённый неграми с мечами в руках. Он сел на трон и начал разбирать дела и принимать жалобы. Самый высокий раб стоял с ним рядом и отгонял от него мух большим павлиньим пером.

Когда все дела были кончены, султан махнул платком — это означало «конец» — и ушёл, опираясь на плечи негров.

А мать Аладдина вернулась домой, так и не сказав султану ни слова.

На другой день она опять пришла в диван и снова ушла, ничего не сказав султану. Она пошла и на следующий день — и скоро привыкла каждый день ходить в диван.

Наконец султан заметил её и спросил своего визиря:

— Кто эта старая женщина и зачем она приходит сюда? Спроси, что ей нужно, и я исполню её просьбу.

Визирь подошёл к матери Аладдина и крикнул:

— Эй, старуха, подойди сюда! Если у тебя есть какая-нибудь просьба, султан её исполнит.

Мать Аладдина задрожала от страха и чуть не выронила из рук блюдо. Визирь подвёл её к султану, и она низко поклонилась ему, а султан спросил её:

— Почему ты каждый день приходишь сюда и ничего не говоришь? Скажи, что тебе нужно?

Мать Аладдина ещё раз поклонилась и сказала:

— О владыка султан! Мой сын Аладдин от души шлёт тебе в подарок эти камни и просит тебя отдать ему в жёны твою дочь, царевну Будур.

Она сдёрнула с блюда платок, и весь диван осветился — так засверкали камни.

— О визирь! — сказал султан. — Видел ли ты когда-нибудь такие камни?

— Нет, о владыка султан, не видел, — отвечал визирь.

Султан очень любил драгоценности, но у него не было ни одного камня, подобного тем, которые прислал ему Аладдин.

Султан сказал:

— Я думаю, что человек, у которого есть такие камни, может быть мужем моей дочери. Как ты думаешь, визирь?

Когда визирь услышал эти слова, он позавидовал Аладдину великой завистью: у него был сын, которого он хотел женить на царевне Будур, и султан уже обещал ему выдать Будур замуж за его сына.

— О владыка султан, — сказал визирь, — не следует отдавать царевну за человека, которого ты даже не знаешь. Может быть, у него ничего нет, кроме этих камней. Пусть он подарит тебе ещё сорок таких же блюд, наполненных драгоценными камнями, и сорок невольниц, чтобы нести эти блюда, и сорок рабов, чтобы их охранять. Тогда мы узнаем, богат он или нет.

А про себя визирь подумал: «Невозможно, чтобы кто-нибудь мог всё это добыть! Аладдин будет бессилен это сделать, и султан не отдаст за него свою дочь».

— Ты хорошо придумал, визирь! — закричал султан и сказал матери Аладдина: — Ты слышала, что говорит визирь? Иди и передай твоему сыну: если он хочет жениться на моей дочери, пусть присылает сорок золотых блюд с такими же камнями, сорок невольниц и сорок рабов.

Мать Аладдина поклонилась и вернулась домой.

Увидя, что у матери нет в руках блюда, Аладдин сказал:

— О матушка, я вижу, ты сегодня говорила с султаном. Что же он ответил тебе?

— Ах, дитя моё, лучше бы мне не ходить к султану и не говорить с ним! — ответила старуха. — Послушай только, что он мне сказал...

И она передала Аладдину слова султана. Но Аладдин засмеялся от радости и воскликнул:

— Успокойся, матушка, это самое лёгкое дело!

Он взял лампу и потёр её. Когда мать увидела это, она бросилась в кухню, чтобы не видеть джинна. А джинн тотчас появился и сказал:

— О господин, я к твоим услугам. Чего ты хочешь? Требуй — получишь!

— Мне нужно сорок золотых блюд, полных драгоценных камней, сорок невольниц, чтобы нести эти блюда, и сорок рабов, чтобы их охранять, — сказал Аладдин.

— Будет исполнено, о господин, — ответил Маймун, раб лампы. — Может быть, ты хочешь, чтобы я разрушил город или построил дворец? Приказывай!

— Нет, сделай то, что я тебе сказал, — ответил Аладдин.

И раб лампы скрылся.

Скоро он появился снова. За ним шли сорок прекрасных невольниц, каждая держала на голове золотое блюдо с драгоценными камнями, а за невольницами шли рослые, красивые рабы с обнажёнными мечами в руках.

— Вот то, что ты требовал, — сказал джинн и скрылся.

Тогда мать Аладдина вышла из кухни и осмотрела рабов и невольниц. Потом, радостная и гордая, она повела их ко дворцу султана.

Весь народ сбежался посмотреть на это шествие. Стража во дворце застыла от изумления, когда увидела этих рабов и невольниц.

Мать Аладдина привела их прямо к султану. Все они поцеловали землю перед султаном и, сняв блюда с головы, поставили их в ряд.

— О визирь, — сказал султан, — каково твоё мнение? Разве не достоин тот, кто имеет такое богатство, стать мужем моей дочери, царевны Будур?

— Достоин, о владыка! — отвечал визирь, тяжело вздыхая.

— Пойди и передай твоему сыну, — сказал султан матери Аладдина, — что я принял его подарок и согласен выдать за него замуж царевну Будур. Пусть он придёт ко мне: я хочу с ним познакомиться.

Мать Аладдина торопливо поклонилась султану и побежала домой так быстро, что ветер не мог бы за ней угнаться. Она прибежала к Аладдину и закричала:

— Радуйся, сынок! Султан принял твой подарок и согласен, чтобы ты стал мужем царевны! Он сказал это при всех! Иди сейчас во дворец: султан хочет с тобой познакомиться.

— Сейчас я пойду к султану, — сказал Аладдин. — А теперь уходи: я буду разговаривать с джинном.

Аладдин взял лампу, потёр её, и тотчас же явился Маймун, раб лампы. Аладдин сказал ему:

— Приведи мне сорок восемь белых невольников: это будет моя свита. И пусть двадцать четыре невольника идут впереди меня, а двадцать четыре — сзади. И ещё доставь мне тысячу золотых и самого лучшего коня.

— Будет исполнено, — сказал джинн и скрылся.

Он достал всё, что велел ему Аладдин, и спросил:

— Чего ты хочешь ещё? Не хочешь ли ты, чтобы я разрушил город или построил дворец? Я всё могу.

— Нет, пока не надо, — сказал Аладдин.

Он вскочил на коня и поехал к султану.

На рыночной площади, где было много народу, Аладдин достал из мешка горсть золота и бросил его в толпу.

Все кинулись ловить и подбирать монеты, а Аладдин бросал и бросал золото, пока его мешок не опустел. Он подъехал ко дворцу, и все вельможи и приближённые султана встретили его у ворот и проводили в диван. Султан поднялся ему навстречу и сказал:

— Добро пожаловать, Аладдин! Я слышал, что ты хочешь жениться на моей дочери? Я согласен. Всё ли ты приготовил к свадьбе?

— Нет ещё, о владыка султан, — ответил Аладдин. — Я не выстроил для царевны Будур дворца.

— А когда же будет свадьба? — спросил султан. — Ведь дворец скоро не выстроишь.

— Не беспокойся, султан, — сказал Аладдин. — Подожди немного.

— А где ты собираешься построить дворец? — спросил султан. — Не хочешь ли ты выстроить его перед моими окнами, вот на этом пустыре?

— Как тебе будет угодно, султан, — ответил Аладдин.

Он простился с султаном и уехал домой вместе со всей своей свитой. Дома он взял лампу, потёр её, и когда появился джинн Маймун, сказал ему:

— Построй мне дворец, да такой, какого ещё не было на земле! Можешь ты это сделать?

— Могу! — воскликнул джинн голосом, подобным грому. — К завтрашнему утру будет готово.

И в самом деле, на следующее утро среди пустыря возвышался великолепный дворец. Стены его были сложены из золотых и серебряных кирпичей, а крыша была алмазная. Аладдин обошёл все комнаты и сказал Маймуну:

— Знаешь, Маймун, я придумал одну штуку. Сломай вот эту колонну, и пусть султан думает, что мы забыли её поставить. Он захочет построить её сам и не сможет этого сделать. Тогда он увидит, что я сильнее и богаче его.

— Хорошо, — сказал джинн и махнул рукой.

Колонна тотчас исчезла, как будто её и не было.

— Теперь, — сказал Аладдин, — я пойду и приведу сюда султана.

А султан утром подошёл к окну и увидел дворец, который так блестел и сверкал, что на него было больно смотреть. Султан приказал позвать визиря и показать ему дворец.

— Ну, визирь, что скажешь? — спросил он. — Достоин ли быть мужем моей дочери тот, кто в одну ночь построил такой дворец?

— О владыка султан! — закричал визирь. — Разве ты не видишь, что этот Аладдин — колдун? Берегись, как бы он не отобрал у тебя твоё царство!

— Ты говоришь всё это из зависти, — сказал ему султан.

В это время вошёл Аладдин и, поклонившись султану, попросил его осмотреть дворец.

Султан с визирем обошли дворец, и султан очень восхищался его красотой. Наконец Аладдин привёл гостей к тому месту, где Маймун сломал колонну. Визирь сейчас же заметил, что не хватает одной колонны, и закричал:

— Дворец не достроен! Одной колонны здесь не хватает!

— Не беда, — сказал султан. — Я сам поставлю эту колонну. Позвать сюда главного строителя.

— Лучше не пробуй, султан, — тихо сказал ему визирь, — тебе это не под силу. Посмотри: эти колонны такие высокие, что не видно, где они кончаются. И они сверху донизу выложены драгоценными камнями.

— Замолчи, визирь! — гордо сказал султан. — Неужели я не могу поставить одну такую колонну?

Он велел созвать всех камнетёсов, какие были в городе, и отдал им свои драгоценные камни. Но их не хватало. Узнав об этом, султан рассердился и крикнул:

— Откройте главную казну[1], отберите у моих подданных все драгоценные камни! Неужели всего моего богатства не хватит на одну колонну?

Но через несколько дней строители пришли к султану и доложили, что камней и мрамора хватило только

---

[1] Казна́ — государственные деньги, ценности, имущество.

на четверть колонны. Султан велел отрубить им головы, но колонну всё-таки не поставил. Узнав об этом, Аладдин сказал султану:

— Не печалься, султан! Колонна уже стоит на месте. И я возвратил все драгоценные камни их владельцам.

В тот же вечер султан устроил великолепный праздник по случаю свадьбы Аладдина с царевной Будур. Аладдин с женой стали жить в новом дворце.

А магрибинец вернулся к себе в Ифрикию и долго горевал и печалился. Только одно утешение осталось у него. «Раз Аладдин погиб в подземелье, значит, и лампа находится там же. Может быть, мне удастся завладеть ею без Аладдина», — думал он.

И вот однажды он захотел убедиться, что лампа цела и находится в подземелье. Он погадал на песке и увидел, что лампы в подземелье больше нет.

Магрибинец испугался и стал гадать дальше. Он увидел, что Аладдин спасся из подземелья и живёт в своём родном городе.

Быстро собрался магрибинец в путь и поехал через моря и горы и пустыни в далёкую Персию. Долго ехал он и наконец прибыл в тот город, где жил Аладдин.

Магрибинец пошёл на рынок и стал слушать, что говорят люди. На рынке только и было разговоров что об Аладдине и его дворце.

Магрибинец походил, послушал, а потом подошёл к продавцу холодной воды и спросил его:

— Кто такой этот Аладдин, о котором здесь все говорят?

— Сразу видно, что ты нездешний, — ответил продавец, — иначе ты знал бы, кто такой Аладдин: это самый богатый человек во всём мире, а его дворец — настоящее чудо!

Магрибинец протянул продавцу золотой и сказал ему:

— Возьми этот золотой и окажи мне услугу. Я и вправду чужой в городе, и мне хотелось бы посмотреть на дворец Аладдина. Проводи меня к этому дворцу.

Продавец воды привёл магрибинца ко дворцу и ушёл, а магрибинец обошёл вокруг дворца и осмотрел его со всех сторон.

«Такой дворец мог построить только джинн, раб лампы. Наверно, лампа находится в этом дворце», — подумал он.

Долго раздумывал магрибинец, как завладеть лампой, и наконец придумал.

Он пошёл к меднику и сказал ему:

— Сделай мне десять медных ламп, только поскорее. Вот тебе пять золотых в задаток.

— Слушаю и повинуюсь, — ответил медник. — Приходи к вечеру, лампы будут готовы.

Вечером магрибинец получил десять новеньких медных ламп, блестевших, как золотые. Как только рассвело, он стал ходить по городу, громко крича:

— Кто хочет обменять старые лампы на новые? У кого есть старые медные лампы? Меняю на новые!

Народ толпой ходил за магрибинцем, а дети прыгали вокруг него и кричали:

— Сумасшедший, сумасшедший!

Но магрибинец не обращал на них внимания.

Наконец он пришёл ко дворцу. Аладдина в это время не было дома. Он уехал на охоту, и во дворце была только его жена, царевна Будур.

Услышав крик магрибинца, Будур послала слугу узнать, в чём дело. Слуга вернулся и сказал ей:

— Это какой-то сумасшедший: он меняет новые лампы на старые.

Царевна Будур рассмеялась и сказала:

— Хорошо бы узнать, правду он говорит или обманывает. Нет ли у нас во дворце какой-нибудь старой лампы?

— Есть, госпожа, — сказала одна служанка. — Я видела в комнате господина нашего Аладдина медную лампу. Она вся позеленела и никуда не годится.

— Принеси эту лампу! — приказала Будур. — Отдай её этому сумасшедшему, и пусть он даст нам новую.

Служанка вышла на улицу и отдала магрибинцу волшебную лампу, а взамен получила новенький медный светильник. Магрибинец очень обрадовался, что его хитрость удалась, и спрятал лампу за пазуху. Потом он купил на рынке осла и уехал. Выехав за город, магрибинец потёр лампу, и когда джинн Маймун явился, крикнул ему:

— Хочу, чтобы ты перенёс дворец Аладдина и всех, кто в нём находится, в Ифрикию! И меня тоже перенеси туда!

— Будет исполнено! — сказал джинн. — Закрой глаза и открой глаза — дворец будет в Ифрикии.

— Поторопись, джинн! — сказал магрибинец.

И не успел он договорить, как увидел себя в своём саду в Ифрикии, у дворца. Вот пока всё, что с ним было.

А султан проснулся утром, выглянул в окно и вдруг видит — дворец исчез. Султан протёр глаза и даже ущипнул себя за руку, чтобы проснуться, но дворца нет как нет.

Султан не знал, что и подумать. Он начал громко плакать и стонать.

Он понял, что с царевной Будур случилась какая-то беда. На крики султана прибежал визирь и спросил:

— Что с тобой случилось, султан? Чего ты плачешь?

— Разве ты ничего не знаешь? — закричал султан. — Ну так взгляни в окно. Где дворец? Где моя дочь?

— Не знаю, о владыка султан! — ответил испуганный визирь.

— Привести сюда Аладдина! — закричал султан. — Я отрублю ему голову!

В это время Аладдин как раз возвращался с охоты. Слуги султана вышли на улицу и побежали ему навстречу.

— Прости нас, Аладдин, — сказал один из них. — Султан приказал связать тебе руки, заковать тебя в цепи и привести к нему. Мы не можем ослушаться султана.

— За что султан рассердился на меня? — спросил Аладдин. — Я не сделал ему ничего дурного.

Позвали кузнеца, и он заковал ноги Аладдина в цепи. Вокруг Аладдина собралась целая толпа. Жители города любили Аладдина за его доброту, и, когда узнали, что султан хочет отрубить ему голову, все сбежались ко дворцу. А султан велел привести Аладдина к себе и сказал ему:

— Правду говорит мой визирь, что ты колдун и обманщик?! Где твой дворец и где моя дочь Будур?

— Не знаю, о владыка султан! — ответил Аладдин. — Я ни в чём перед тобой не виноват.

— Отрубить ему голову! — крикнул султан.

И Аладдина снова вывели на улицу, а за ним вышел палач.

Когда жители города увидели палача, они обступили Аладдина и послали сказать султану: «Если ты не помилуешь Аладдина, мы разрушим твой дворец и перебьём всех, кто в нём находится. Освободи Аладдина, а не то тебе придётся плохо!»

Султан испугался, позвал Аладдина и сказал ему:

— Я пощадил тебя, потому что тебя любит народ. Но если ты не отыщешь мою дочь, я всё-таки отрублю тебе голову! Даю тебе сроку сорок дней.

— Хорошо, — сказал Аладдин и ушёл из города.

Он не знал, куда ему идти и где искать царевну Будур, и с горя решил утопиться; дошёл до большой реки и сел на берегу, грустный и печальный.

Задумавшись, он опустил в воду правую руку и вдруг почувствовал, что с его мизинца падает кольцо. Аладдин быстро подхватил кольцо и вспомнил, что это то самое колечко, которое надел ему на палец магрибинец.

Аладдин совсем забыл про это кольцо. Он потёр его, и перед ним явился джинн Дахнаш и сказал:

— О владыка кольца, я перед тобой! Чего ты хочешь? Приказывай!

— Хочу, чтобы ты перенёс мой дворец на прежнее место! — сказал Аладдин.

Но джинн, слуга кольца, опустил голову и ответил:

— О господин, я не могу этого сделать! Дворец построил раб лампы, и только он один может его перенести. Потребуй от меня чего-нибудь другого.

— Если так, — сказал Аладдин, — снеси меня туда, где стоит сейчас мой дворец.

— Закрой глаза и открой глаза, — сказал джинн.

Аладдин закрыл и снова открыл глаза. И очутился в саду перед своим дворцом.

Он взбежал по лестнице и увидел Будур, которая горько плакала. Увидев Аладдина, она вскрикнула и заплакала ещё громче — теперь уже от радости. Она рассказала Аладдину обо всём, что с ней случилось, а затем сказала:

— Этот магрибинец много раз приходил ко мне и уговаривал меня выйти за него замуж. Но я не слушаю магрибинца, а всё время плачу о тебе.

— А где он спрятал волшебную лампу? — спросил Аладдин.

— Он никогда с ней не расстаётся и всегда держит при себе, — ответила Будур.

— Слушай, Будур, — сказал Аладдин, — когда магрибинец опять придёт к тебе, будь с ним поласковее. Попроси его поужинать с тобой и, когда он начнёт есть и пить, всыпь ему в вино вот этот сонный порошок. Как только он заснёт, я войду в комнату и убью его.

— Он уже скоро должен прийти, — сказала Будур. — Иди за мной, я тебя спрячу в тёмной комнате; а когда он уснёт, я хлопну в ладоши — и ты войдёшь.

Едва Аладдин успел спрятаться, как в комнату Будур вошёл магрибинец. Она весело встретила его и приветливо сказала:

— О господин мой, подожди немного. Я принаряжусь, а потом мы с тобой вместе поужинаем.

Магрибинец вышел, а Будур надела своё лучшее платье и приготовила кушанья и вино. Когда колдун вернулся, Будур сказала ему:

— О господин мой, обещай мне исполнить сегодня всё, что я у тебя попрошу!

— Хорошо, — сказал магрибинец.

Будур начала его угощать и поить вином. Когда он немного опьянел, она сказала ему:

— Дай мне твой кубок, я отопью из него глоток, а ты выпей из моего.

И Будур подала магрибинцу кубок вина, в которое она подсыпала сонного порошка. Магрибинец выпил его и сейчас же упал, сражённый сном, а Будур хлопнула в ладоши. Аладдин только этого и ждал. Он вбежал в комнату и, размахнувшись, отрубил мечом голову магрибинцу. А затем он вынул у него из-за пазухи лампу, потёр её, и сейчас же появился Маймун, раб лампы.

— Отнеси дворец на прежнее место! — приказал ему Аладдин.

Через мгновение дворец уже стоял напротив дворца султана. Султан в это время сидел у окна и горько плакал о своей дочери. Он сейчас же побежал во дворец своего зятя, где Аладдин с женой встретили его на лестнице, плача от радости.

Султан попросил у Аладдина прощения за то, что хотел отрубить ему голову...

Аладдин долго и счастливо жил в своём дворце вместе с женой и матерью, пока не пришла к ним всем смерть.

Али-Баба и сорок разбойников

Когда-то, очень давно, в одном персидском городе жили два брата — Касим и Али-Баба. Когда умер их отец, они поделили деньги, которые после него остались.

Касим стал торговать на рынке дорогими тканями и шёлковыми халатами. Он умел расхваливать свой товар и зазывать покупателей, и в его лавке всегда толпилось много народу. Касим всё больше и больше богател и, когда накопил много денег, женился на дочери главного судьи, которую звали Фатима.

А Али-Баба не умел торговать и наживать деньги, и женат он был на бедной девушке по имени Зейнаб.

Они быстро истратили почти всё, что у них было, и однажды Зейнаб сказала:

— Слушай, Али-Баба, нам скоро будет нечего есть. Надо тебе что-нибудь придумать, а то мы умрём с голоду.

— Хорошо, — ответил Али-Баба, — я подумаю, что нам делать.

Он вышел в сад, сел под дерево и стал думать. Долго думал Али-Баба и наконец придумал. Он взял оставшиеся деньги, пошёл на рынок и купил двух ослов, топор и верёвку.

А на следующее утро он отправился за город, на высокую гору, поросшую густым лесом, и целый день рубил дрова. Вечером Али-Баба связал дрова в вязанки, нагрузил ими своих ослов и вернулся в город. Он продал дрова на рынке и купил хлеба, мяса и зелени.

С тех пор Али-Баба каждое утро уезжал на гору и до самого вечера рубил дрова, а потом продавал их на рынке и покупал хлеб и мясо для себя и для Зейнаб.

И вот однажды он стоял под высоким деревом, собираясь его срубить, и вдруг заметил, что на дороге поднялась пыль до самого неба.

А когда пыль рассеялась, Али-Баба увидал, что прямо на него мчится отряд всадников, одетых в панцири и кольчуги; к сёдлам были привязаны копья, а на поясах сверкали длинные, острые мечи.

Впереди скакал на высокой белой лошади одноглазый человек с чёрной бородой.

Али-Баба очень испугался. Он быстро влез на вершину дерева и спрятался в его ветвях.

А всадники подъехали к тому месту, где он только что стоял, и сошли на землю. Каждый из них снял с седла тяжёлый мешок и взвалил его себе на плечи; потом они стали в ряд, ожидая, что прикажет Одноглазый — их атаман.

«Что это за люди и что у них в мешках? — подумал Али-Баба. — Наверное, это воры и разбойники».

Он пересчитал людей, и оказалось, что их ровно сорок человек, не считая атамана. Атаман встал впереди своих людей и повёл их к высокой скале, в которой была маленькая дверь из стали; она так заросла травой и колючками, что ее почти не было видно.

Атаман остановился перед дверью и громко крикнул:

— Симсим, открой дверь!

И вдруг дверь в скале распахнулась, атаман вошёл, а за ним вошли его люди, и дверь опять захлопнулась за ними.

«Вот чудо! — подумал Али-Баба. — Ведь симсим-то — это простое растение. Я знаю, что из его семян

выжимают масло, но я не знал, что оно может открывать двери!»

Али-Бабе очень захотелось посмотреть поближе на волшебную дверь, но он так боялся разбойников, что не осмелился слезть с дерева.

Прошло немного времени, и вдруг дверь снова распахнулась и сорок разбойников вышли с пустыми мешками. Как и прежде, одноглазый атаман шёл впереди. Разбойники привязали к сёдлам пустые мешки, вскочили на коней и ускакали. Тогда Али-Баба, который уже устал сидеть скрючившись на дереве, быстро спустился на землю и подбежал к скале.

«А что будет, если я тоже скажу: „Симсим, открой дверь?" — подумал он. — Откроется дверь или нет? Попробую!»

Он набрался храбрости, вдохнул побольше воздуху и во весь голос крикнул:

— Симсим, открой дверь!

И тотчас же дверь распахнулась перед ним и открылся вход в большую пещеру.

Али-Баба вошёл в пещеру, и, как только он переступил порог, дверь снова захлопнулась за ним. Али-Бабе стало немного страшно: а вдруг дверь больше не откроется и ему нельзя будет выйти? Но он всё же пошёл вперёд, с удивлением осматриваясь по сторонам.

Он увидел, что находится в большой комнате и у стен стоит множество столиков, уставленных золотыми блюдами под серебряными крышками. Али-Баба почувствовал вкусный запах кушаний и вспомнил, что с утра ничего не ел. Он подошёл к одному столику, снял крышки с блюд, и у него потекли слюнки: на блюдах лежали все кушанья, какие только можно пожелать: жареные куры, рисовый пилав, блинчики с вареньем, халва, яблоки и ещё много других вкусных вещей.

Али-Баба схватил курицу и мигом обглодал её. Потом принялся за пилав, а покончив с ним, отломил халвы, но уже не мог съест ни кусочка — до того он был сыт. Отдохнув немного, он осмотрелся и увидал вход в другую комнату. Али-Баба вошёл туда и зажмурил глаза. Комната вся сверкала и блестела — так много было в ней золота и драгоценностей. Золотые динары и серебряные дирхемы[1] грудами лежали прямо на земле, словно камни на морском берегу. Драгоценная посуда — кубки, подносы, блюда, украшенные дорогими каменьями, — стояла по всем углам. Кипы шёлка и тканей — китайских, индийских, сирийских, египетских — лежали посреди комнаты; по стенам висели острые мечи и длинные копья, которых хватило бы на целое войско.

У Али-Бабы разбежались глаза, и он не знал, за что ему взяться: то примерит красный шёлковый халат, то схватит золотой поднос и смотрится в него, как в зеркало, то наберёт в пригоршню золотых монет и пересыпает их.

Наконец он немного успокоился и сказал себе: «Эти деньги и драгоценности, наверное, награблены, и сложили их сюда разбойники, которые только что здесь были. Эти богатства не принадлежат им, и, если я возьму себе немножко золота, в этом не будет ничего дурного. Ведь его здесь столько, что не счесть».

Али-Баба подоткнул полы халата и, встав на колени, стал подбирать золото. Он нашёл в пещере два пустых мешка, наполнил их динарами, притащил к двери и крикнул:

— Симсим, открой дверь!

Дверь тотчас же распахнулась. Али-Баба вышел из пещеры, и дверь захлопнулась за ним. Колючие ку-

---

[1] Дирхе́м и дина́р — монеты.

сты и ветви переплелись и скрыли её от глаз. Ослы Али-Бабы паслись на лужайке. Али-Баба взвалил на них мешки с золотом, прикрыл их сверху дровами и поехал домой. Когда он вернулся, уже была ночь и встревоженная Зейнаб ждала его у ворот.

— Что ты делал в лесу так долго? — спросила она. — Я думала, что тебя растерзали волки или гиены. Отчего ты привёз дрова домой, а не продал их?

— Сейчас всё узнаешь, Зейнаб, — сказал Али-Баба. — Помоги-ка мне внести в дом эти мешки и не шуми, чтобы нас не услышали соседи.

Зейнаб молча взвалила один из мешков себе на спину, и они с Али-Бабой вошли в дом. Зейнаб плотно прикрыла за собой дверь, зажгла светильник и развязала мешок.

Увидя золото, она побледнела от страха и крикнула:

— Что ты наделал, Али-Баба? Кого ты ограбил?

— Не тревожься, Зейнаб, — сказал Али-Баба. — Я никого не ограбил и сейчас расскажу тебе, что со мною сегодня случилось.

Он рассказал ей про разбойников и пещеру и, окончив свой рассказ, сказал:

— Смотри, Зейнаб, спрячь это золото и не говори о нём никому. Люди подумают, что мы и вправду кого-нибудь ограбили, и донесут на нас султану, и тогда он отнимет у нас всё золото и посадит нас в подземелье. Давай выкопаем яму и спрячем в ней золото.

Они вышли в сад, выкопали при свете луны яму, сложили всё золото, а потом опять забросали яму землёй.

Покончив с этим делом, Али-Баба лёг спать. Зейнаб тоже легла, но ещё долго ворочалась с боку на бок и думала: «Сколько же золота привёз Али-Баба? Как только рассветёт, я пересчитаю все монетки, до последней!»

На следующее утро, когда Али-Баба, как всегда, уехал на гору, Зейнаб побежала к яме, раскопала её и принялась пересчитывать динары.

Но их было так много, что Зейнаб не могла сосчитать. Она не очень хорошо считала и всё время сбивалась. Наконец это ей надоело, и она сказала себе: «Лучше я возьму меру и перемеряю золото. Вот только меры у меня нет. Придётся попросить у Фатимы».

А Касим с Фатимой жили в соседнем доме. Зейнаб сейчас же побежала к ним. Вошла в сени и сказала Фатиме:

— Сделай милость, одолжи мне ненадолго меру. Я сегодня же верну её тебе.

— Хорошо, — ответила Фатима, — но моя мера у соседки. Сейчас я схожу за ней и дам её тебе. Подожди здесь, в сенях. У тебя ноги грязные, а я только что постлала чистые циновки.

Всё это Фатима выдумала. И мерка, которой меряли крупу, висела на своём месте — в кухне, над очагом, — и циновок она не меняла уже дней десять. На самом деле ей просто очень хотелось узнать, для чего Зейнаб вдруг понадобилась мерка — ведь Фатима хорошо знала, что в доме у Али-Бабы давно уже нет никакой крупы. А спрашивать Зейнаб она не желала: пусть Зейнаб не воображает, что Фатима интересуется

её делами. И она придумала способ узнать, не спрашивая. Она вымазала дно мерки мёдом, а потом вынесла её Зейнаб и сказала:

— На, возьми. Только смотри не забудь возвратить её в целости и не позже чем к закату солнца. Мне самой нужно мерять чечевицу.

— Спасибо тебе, Фатима, — сказала Зейнаб и побежала домой.

Она выгребла из ямы всё золото и начала торопливо его мерять, всё время оглядываясь по сторонам.

Золота оказалось десять мер и ещё полмеры.

Зейнаб вернула мерку Фатиме и ушла, поклонившись ей до земли. Фатима сейчас же схватила мерку и заглянула в неё. И вдруг она увидела: ко дну мерки прилип какой-то маленький светлый кружочек. Фатима запустила руку в мерку и вынула кружочек. Это был новенький золотой динар.

Фатима не верила своим глазам. Она повертела монету между пальцами и даже попробовала её на зуб — не фальшивая ли? Но динар был самый настоящий, из чистого золота.

— Так вот какая это крупа! — закричала Фатима. — Они такие богачи, что Зейнаб даже меряет золото мерой. Наверное, они кого-нибудь ограбили, а сами притворяются бедняками. Скорее бы Касим вернулся из лавки! Я непременно всё расскажу ему. Пусть пойдёт к Али-Бабе и пригрозит ему хорошенько. Али-Баба, наверное, поделится с ним.

Фатима весь день просидела у ворот, ожидая Касима. Когда стало смеркаться, Касим вернулся из лавки, и Фатима, не дав ему даже снять тюрбан, закричала:

— Слушай, Касим, какая у меня новость! Твой брат Али-Баба прикидывается бедняком, а он, оказывается, богаче нас с тобой!

— Что ты выдумала! — рассердился Касим. — Богаче меня нет никого на нашей улице да и во всём квартале. Недаром меня выбрали старшиной рынка.

— Ты мне не веришь! — обиделась Фатима. — Ну так скажи: как ты считаешь деньги, когда подсчитываешь по вечерам выручку?

— Обыкновенно считаю, — ответил Касим. — Складываю в кучи динары и дирхемы и пересчитываю. А как насчитаю сотню, загибаю палец, чтобы не ошибиться. Да что ты такие глупости спрашиваешь?

— Нет, не глупости! — закричала Фатима. — Ты вот считаешь динары на десятки и сотни, а Зейнаб, жена твоего брата, считает мерами. Вот что она оставила в моей мерке!

И Фатима показала ему динар, который прилип ко дну мерки.

Касим осмотрел его со всех сторон и сказал:

— Пусть меня не зовут Касимом, если я не допытаюсь, откуда у Али-Бабы взялись деньги. Хитростью или силой, но я отберу их у него!

И он сейчас же отправился к своему брату.

Али-Баба только что вернулся с горы и отдыхал на каменной скамье перед домом. Он очень обрадовался Касиму и сказал:

— Добро пожаловать, Касим! Ты нечасто бываешь у меня. Что привело тебя ко мне сегодня, да ещё в такой поздний час?

— Добрый вечер, брат мой, — вежливо сказал Касим. — Меня привела к тебе большая обида.

— Обида? — удивился Али-Баба. — Чем же мог я, бедный дровосек, обидеть старшину рынка?

— Ты теперь богаче меня, — сказал Касим. — Ты меряешь золото мерами. Вот что моя жена нашла на дне мерки, которую она дала твоей жене Зейнаб. Не обманывай меня: я всё знаю! Почему ты скрыл от меня, что разбогател? Наверное, ты кого-нибудь ограбил?

Али-Баба понял, что Касим проведал его тайну, и решил во всём признаться.

— О брат мой, — сказал он, — я вовсе не хотел тебя обманывать! Я только потому ничего тебе не рассказал, что боялся воров и разбойников, которые могут тебя убить.

И он рассказал Касиму про пещеру и про разбойников. Потом протянул брату руку и сказал:

— О брат мой, мы с тобой оба сыновья одного отца и одной матери. Давай же делить пополам всё, что я привезу из пещеры. Я знаю, как туда войти и как уберечься от разбойников. Возьми себе половину денег и сокровищ — этого хватит тебе на всю жизнь.

— Не хочу половину, хочу все деньги! — закричал Касим и оттолкнул руку Али-Бабы. — Говори скорее, как войти в пещеру, а если не скажешь, я донесу на тебя султану, и он велит отрубить тебе голову!

— Зачем ты грозишь мне султаном! — сказал Али-Баба. — Поезжай, если хочешь, в пещеру, но только тебе всё равно не увезти все деньги и сокровища. Даже если бы ты целый год возил из пещеры золото и серебро, не отдыхая ни днём ни ночью, — и тогда ты не увёз бы и половины того, что там есть.

Он рассказал Касиму, как найти пещеру, и велел ему хорошо запомнить слова: «Симсим, открой дверь!»

— Не забуду, — сказал Касим. — Симсим... симсим... Это, кажется, растение вроде конопли. Буду помнить.

На следующее утро Касим оседлал десять мулов, взвалил на каждого мула по два больших сундука и отправился в лес. Он пустил своих мулов пастись на опушке леса, отыскал дверь в скале и, встав перед нею, закричал изо всех сил:

— Эй, симсим, открой дверь!

Дверь распахнулась, Касим вошёл, и дверь снова захлопнулась за ним.

Касим увидел пещеру, полную сокровищ, и совсем потерял голову от радости. Он заплясал на месте, потом бросился вперёд и стал хватать всё, что попадалось под руку: охапки дорогих тканей, куски золота, кувшины и блюда, потом бросал их и срывал со стен золотые мечи и щиты, хватал пригоршнями деньги и совал их за пазуху. Так он метался по пещере целый час, но никак не мог забрать всего, что там было. Наконец он подумал: «У меня времени много. Буду выносить отсюда мешок за мешком, пока не нагружу всех мулов, а потом приеду ещё раз. Я буду ездить сюда каждый день, пока не заберу всё, до последней монетки!»

Он схватил мешок с деньгами и поволок его к двери. Дверь была заперта.

Касим хотел произнести волшебные слова, которые открывали дверь, но вдруг оказалось, что он позабыл их. Он помнил только, что надо сказать название какого-то растения. И он крикнул:

— Горох, открой дверь!

Но дверь не открылась. Касим испугался. Он подумал и крикнул опять:

— Пшеница, открой дверь!

Дверь не шевельнулась. Касим от страха уже ничего не мог вспомнить и выкрикивал названия всех растений, какие знал:

— Овёс, открой дверь!

— Конопля, открой дверь!

— Ячмень, открой дверь!

Но дверь не открывалась.

Касим понял, что ему никогда больше не выбраться из пещеры. Он сел на мешок с золотом и заплакал.

В это время разбойники ограбили богатых купцов, отобрали у них много золота и дорогих товаров. Они решили всё это спрятать в пещере. Подъезжая к лесу, атаман заметил на опушке мулов, которые мирно щипали траву.

— Что это за мулы? — сказал атаман. — К их сёдлам привязаны сундуки. Наверно, кто-нибудь разузнал про нашу пещеру и хочет нас ограбить!

Он приказал разбойникам не шуметь и, подойдя к двери, тихо произнёс:

— Симсим, открой дверь!

Дверь отворилась, и разбойники увидели Касима, который старался спрятаться за мешок с деньгами. Атаман бросился вперёд, взмахнул саблей и отрубил Касиму голову.

Разбойники оставили тело Касима в пещере, а сами переловили мулов и, погнав их перед собой, ускакали.

А Фатима весь день просидела у окна — всё ждала, когда покажутся мулы с сундуками, полными золота. Но время проходило, а Касима всё не было. Фатима прождала день, прождала ночь, а утром с плачем прибежала к Али-Бабе.

Али-Баба сказал:

— Не тревожься, Фатима. Я сейчас сам поеду на гору и узнаю, что случилось с Касимом.

Он тотчас же сел на осла и поехал в лес, прямо к пещере.

И как только вошёл в пещеру — увидел, что его брат лежит мёртвый на мешках с деньгами.

Али-Баба вынес тело Касима из пещеры, положил его в мешок и печальный поехал домой.

«Вот до чего довела Касима жадность! — думал Али-Баба. — Если бы он согласился разделить со мной деньги и не захотел забрать себе всё, он и сейчас был бы жив».

Али-Баба устроил Касиму пышные похороны, но никому не сказал, как погиб его брат. Фатима говорила всем, кто провожал Касима на кладбище, что её мужа растерзали в лесу дикие звери.

Когда Касима похоронили, Али-Баба сказал Фатиме:

— Знаешь что, Фатима, продай мне твой дом и будем жить вместе. Тогда и мне не придётся строить новый дом, и тебе не так страшно будет жить одной. Хорошо?

— О Али-Баба, — сказала Фатима, — мой дом — твой дом, и всё, что у меня есть, принадлежит тебе. Позволь только мне жить с вами — больше мне ничего не нужно.

— Ну вот и хорошо, — сказал Али-Баба, и они с Зейнаб и Фатимой зажили вместе.

Али-Баба ещё несколько раз ездил в пещеру и вывез оттуда много золота, драгоценных одежд, ковров и посуды.

Каждый день у него на кухне готовилась пища не только для него самого, Зейнаб и Фатимы, но и для всех бедных соседей, которым нечего было есть. А когда соседи благодарили его, он говорил:

— Приходите завтра и приводите с собой всех бедняков. А благодарить не за что. Я угощаю вас на деньги моего брата Касима, которого съели на горе волки. Он ведь был человек богатый.

Скоро все бедняки и нищие стали приходить к дому Али-Бабы к обеду и ужину, и жители города очень его полюбили.

Вот что было с Али-Бабой, Зейнаб и Фатимой.

Что же касается разбойников, то они через несколько дней опять приехали к пещере и увидели, что тело их врага исчезло. А мешки с деньгами разбросаны по земле.

— В нашу пещеру опять кто-то заходил! — вскричал атаман. — Недавно я убил одного врага, но, оказывается, их несколько. Пусть не буду я Хасан Одноглазый, если я не убью всякого, кто хочет поживиться нашей добычей! Храбрые разбойники, найдётся ли среди вас смельчак, который не побоится отправиться в город и разыскать нашего обидчика? Пусть не берётся за это дело трус или слабый. Только хитрый и ловкий может исполнить его.

— О атаман, — сказал один из разбойников, — никто, кроме меня, не пойдёт в город и не выследит нашего врага. Недаром зовут меня Ахмед Сорвиголова. А если я не найду его, делай со мной что хочешь.

— Хорошо, Ахмед, — сказал атаман. — Даю тебе один день сроку. Если ты найдёшь нашего врага, я назначу тебя своим помощником, а если не найдёшь — лучше не возвращайся: я отрублю тебе голову.

— Будь спокоен, атаман, не пройдёт и дня, как ты узнаешь, где найти своего врага, — сказал Ахмед. — Ждите меня сегодня к вечеру здесь, в лесу.

Он сбросил с себя разбойничье платье, надел синий шёлковый халат, красные сафьяновые сапоги[1] и тюбетейку и пошёл в город.

Было раннее утро. Рынок был ещё пуст, и все лавки были закрыты. Только старый башмачник сидел под своим навесом и, разложив инструменты, ждал заказчиков.

Ахмед Сорвиголова подошёл к нему и, поклонившись, сказал:

— Доброе утро, дядюшка! Как ты рано вышел на работу! Если бы я не увидел тебя, мне пришлось бы долго ждать, пока откроется рынок.

— А что тебе нужно? — спросил старый башмачник, которого звали Мустафа.

— Я чужой в вашем городе, — ответил Ахмед. — Только сегодня ночью я пришёл сюда и ждал до рассвета, пока открыли городские ворота. В этом городе жил мой брат, богатый купец. Я пришёл к нему из далёких стран, чтобы повидать его, и, подходя к городу, услышал, что его нашли в лесу мёртвым. Теперь я не знаю, как отыскать его родных, чтобы поплакать о нём вместе с ними.

— Ты говоришь, твой брат был богатый купец? — спросил башмачник. — В нашем городе недавно хоронили одного купца, и я был на похоронах. Жена купца говорила, что его растерзали волки, но я слышал от одного человека, что это неправда и что этого купца на самом деле младший брат нашёл в лесу убитым, без головы, и тайком привёз домой в мешке.

---

[1] Сафья́новые сапоги — сапоги из выделанной козьей кожи.

Ахмед Сорвиголова очень обрадовался. Он понял, что этот богатый купец и есть тот человек, которого убил атаман в пещере.

— Ты можешь меня провести к его дому? — спросил Ахмед башмачника.

— Могу, — ответил башмачник. — Но только как же мне быть с работой? Вдруг кто-нибудь придёт на рынок и захочет заказать мне туфли, а меня не будет на месте?

— Вот тебе динар, — сказал Ахмед. — Возьми его за убытки, а когда ты покажешь мне дом моего брата, я дам тебе ещё динар.

— Спасибо тебе за твою щедрость! — воскликнул обрадованный Мустафа. — Чтобы заработать этот динар, мне нужно целый месяц ставить на туфлях заплатки. Пойдём!

И башмачник привёл Ахмеда к дому, где жил Касим.

— Вот дом, где жил убитый купец. Здесь поселился теперь его брат, — сказал Мустафа.

«Его-то мне и надо!» — подумал Ахмед. Он дал Мустафе динар, и Мустафа ушёл, кланяясь и благодаря.

Все дома в этом городе были обнесены высокими стенами, так что на улицу выходили только ворота. Запомнить незнакомый дом было нелегко.

«Надо отметить этот дом, чтобы потом узнать его», — решил Ахмед.

Он вытащил из кармана кусок мела и поставил на воротах дома крестик. А потом пошёл обратно.

«Теперь я запомню этот дом и приведу к нему завтра моих товарищей... Быть мне помощником атамана!» — радовался он.

Только что Ахмед успел уйти, как из дома вышла служанка Али-Бабы по имени Марджана, девушка умная и хитрая. Она собралась идти на рынок за хлебом и мясом к обеду. Закрывая калитку, она обернулась и увидела на воротах крестик, нарисованный мелом.

«Кто это вздумал пачкать наши ворота? — подумала она. — Наверное, уличные мальчишки... Нет, крест слишком высоко. Его нарисовал взрослый человек, и этот человек задумал против нас злое дело. Он хочет запомнить наш дом, чтобы нас убить или ограбить. Надо мне сбить его с толку».

Марджана вернулась домой, вынесла кусок мела, поставила кресты на всех соседних домах и ушла по своим делам.

А разбойник прибежал в пещеру и крикнул:

— Слушай, атаман! Слушайте все! Я нашёл дом нашего врага и отметил его крестом. Завтра я вам покажу его.

— Молодец, Ахмед Сорвиголова! — сказал атаман. — Завтра к утру будьте все готовы. Мы спрячем под халаты острые ножи и пойдём с Ахмедом к дому нашего врага.

— Слушаем и повинуемся тебе, атаман, — сказали разбойники, и все стали поздравлять Ахмеда.

А Ахмед Сорвиголова ходил гордый и говорил:

— Вот увидите, я буду помощником атамана!

Он всю ночь не спал, дожидаясь утра, и, как только рассвело, вскочил и разбудил разбойников. Они надели широкие бухарские халаты, белые чалмы[1] и туфли с загнутыми носками, спрятали под халаты ножи и пошли в город. И все, кто их видел, говорили:

— Это бухарцы. Они пришли в наш город и осматривают его.

Впереди всех шли Ахмед с атаманом. Долго водил Ахмед своих товарищей по городу и наконец отыскал нужную улицу.

— Смотрите, — сказал он, — вот этот дом. Видите, на воротах крест.

— А вот ещё крест, — сказал другой разбойник. — В каком же доме живёт наш враг?

— Да вон и на том доме крест! И на этом! И здесь крест! Да тут на всех домах кресты! — закричали вдруг остальные разбойники.

Атаман рассердился и сказал:

— Что это значит? Кто-то перехитрил тебя, Ахмед! Ты не выполнил поручение, и не придётся тебе больше с нами разбойничать. Я сам отрублю тебе голову!

---

[1] Чалма́ — мужской головной убор у мусульман.

И когда они вернулись в лес, жестокий атаман отрубил голову Ахмеду. А потом сказал:

— Кто ещё возьмётся отыскать дом нашего врага? У кого хватит храбрости? Пусть не пробует это сделать ленивый или слабый!

— Позволь мне попытаться, о атаман! — сказал один из разбойников, Мухаммед Плешивый. — Я человек старый, и меня так легко не проведёшь. А если я не выполню поручение — казни меня так же, как ты казнил Ахмеда.

— Иди, Мухаммед, — сказал атаман. — Буду тебя ждать до завтрашнего вечера. Но смотри: если ты не найдёшь и не покажешь мне дом нашего врага, тебе не будет пощады.

На следующее утро Мухаммед Плешивый отправился в город. Ахмед рассказал разбойникам про Мустафу, и Мухаммед прямо пошёл на рынок, к старому башмачнику. Он повёл с ним такой же разговор, как и Ахмед, и пообещал ему два динара, если Мустафа покажет ему дом убитого купца. И Мустафа, обрадованный, довёл его до самых ворот.

«Придётся и мне как-нибудь отметить дом», — подумал Мухаммед. Он взял кусок кирпича, валявшийся на дороге, и нарисовал на воротах маленький крестик в правом верхнем углу.

«Здесь его никто не увидит, кроме меня, — подумал он. — побегу скорее за атаманом и приведу его сюда».

И он быстро пошёл обратно к своим товарищам.

А Марджана как раз возвращалась с рынка. Увидев, что от ворот их дома крадучись отошёл какой-то человек и побежал по дороге, она сообразила, что тут что-то неладно. Марджана подошла к воротам, внимательно осмотрела их и увидела в правом верхнем углу маленький красный крестик.

«Так вот, значит, кто ставит кресты на наших воротах! — подумала Марджана. — Подожди же, я тебя перехитрю».

Она подняла с земли кусок кирпича и поставила такие же кресты на воротах всех домов их улицы.

— Ну-ка, попробуй теперь найти наш дом! — воскликнула она. — Тебе это так же не удастся, как вчера.

А Мухаммед Плешивый всю дорогу бежал не останавливаясь и наконец вошёл в пещеру, еле переводя дух.

— Идёмте скорее! — крикнул он. — Я так отметил этот дом, что уж теперь нашему врагу не уйти. Собирайтесь же скорее, не мешкайте!

Разбойники завернулись в плащи и пошли вслед за Мухаммедом. Они очень торопились, чтобы дойти до города засветло, и пришли туда перед самым закатом солнца. Найдя знакомую улицу, Мухаммед Плешивый подвёл атамана к самым большим и красивым воротам и указал ему пальцем на маленький красный крестик в правом верхнем углу ворот.

— Видишь, — сказал он, — вот моя отметка.

— А это чья? — спросил один из разбойников, который остановился у соседних ворот. — Тут тоже нарисован крестик.

— Какой крестик? — закричал Мухаммед.

— Красный, — ответил разбойник. — И на тех воротах точно такой же. И напротив — тоже. Пока ты показывал атаману свой крестик, я осмотрел все соседние ворота.

— Что же, Мухаммед, — сказал атаман, — и тебя, значит, перехитрили? Хоть ты и хороший разбойник, а слова не сдержал. Пощады тебе не будет.

И Мухаммед погиб так же, как и Ахмед. И стало в шайке разбойников не сорок, а тридцать восемь разбойников.

«Надо мне самому взяться за это трудное дело, — подумал атаман. — Мои люди хорошо сражаются, воруют и грабят, но они не годятся для хитростей и обмана».

И вот на следующее утро Хасан Одноглазый, атаман разбойников, пошёл в город сам. Торговля на рынке была в самом разгаре. Он нашёл Мустафу-башмачника и, присев рядом с ним, сказал:

— О дядюшка, почему ты такой печальный? Работы, что ли, мало?

— Работы у меня уже давно нет, — ответил башмачник. — Я бы, наверное, умер с голоду, если бы судьба не послала мне помощь. Позавчера рано утром пришёл ко мне один щедрый человек и рассказал, что он ищет родных своего брата. А я знал, где дом его

брата, и показал ему дорогу, и чужеземец подарил мне целых два динара. Вчера ко мне пришёл другой чужеземец и опять спросил меня, не знаю ли я его брата, который недавно умер. Я привёл его к тому же самому дому и опять получил два динара. А сегодня вот уже полдень, но никто ко мне не пришёл. Видно, у покойника нет больше братьев.

Услышав слова Мустафы, атаман горько заплакал и сказал:

— Какое счастье, что я встретил тебя! Я третий брат этого убитого. Я пришёл из далёкой страны и только вчера узнал, что моего старшего брата убили. Нас было пятеро братьев. И мы все жили в разных странах, и вот теперь мы сошлись в вашем городе, но только для того, чтобы найти нашего брата мёртвым. Отведи же меня к его дому, и я дам тебе столько же, сколько дали мои братья.

— Хорошо! — радостно сказал старик. — А больше у него нет братьев?

— Нет, — ответил атаман, тяжело вздыхая. — Нас было пятеро, а теперь стало только четверо.

— Жалко, что вас так мало! — сказал старый Мустафа и тоже вздохнул. — Идём.

Он привёл атамана к дому Касима, получил свою плату и ушёл. А атаман сосчитал и хорошо запомнил, сколько ворот от угла улицы до этого дома, так что ему не нужно было отмечать ворота. Потом он вернулся к своим разбойникам и сказал:

— О разбойники, я придумал одну хитрость! Если она удастся, мы убьём нашего врага и отберём все богатства, которые он увёз из пещеры. Слушайте же меня и исполняйте всё, что я прикажу.

И он велел одному из разбойников пойти в город и купить двадцать сильных мулов и сорок кувшинов для масла.

А когда разбойник привёл мулов, нагруженных кувшинами, атаман приказал разбойникам влезть в кувшины. Он сам прикрыл кувшины пальмовыми листьями и обвязал травой, а сверху проткнул дырочки для воздуха, чтобы люди не задохнулись. А в оставшиеся два кувшина налил оливкового масла и вымазал им остальные кувшины, чтобы люди думали, что во всех кувшинах налито масло.

Сам атаман надел платье богатого купца и погнал мулов в город.

Наступал вечер, уже темнело. Атаман направился к дому Касима и увидел, что у ворот сидит весёлый и приветливый человек. Это был Али-Баба. Атаман подошёл к нему и низко поклонился, коснувшись рукой земли.

— Добрый вечер, почтенный купец! — сказал он. — Я чужеземец, из далёкой страны. Я привёз запас дорогого масла и надеялся продать его в вашем городе. Но мои мулы устали от долгого пути и шли медленно. Когда я вошёл в город, уже наступил вечер и все лавки закрылись. Я обошёл весь город, чтобы найти ночлег, но никто не хотел пустить к себе чужеземца. И вот я прошёл мимо тебя и увидел, что ты человек приветливый и радушный. Не позволишь ли ты мне провести у тебя одну ночь? Я сложу свои кувшины на дворе, а завтра рано утром увезу их на рынок и продам. А потом я уеду обратно в мою страну и буду всем рассказывать о твоей доброте.

— Входи, чужеземец, — сказал Али-Баба. — У меня места много. Расседлай мулов и задай им корму, а потом мы будем ужинать... Эй, Марджана, посади собак на цепь, чтобы они не искусали нашего гостя!

— Благодарю тебя, о почтенный купец! — сказал атаман разбойников. — Пусть исполнятся твои желания, как ты исполнил мою просьбу.

Он ввёл своих мулов во двор и разгрузил их у стены дома, осторожно снимая кувшины, чтобы не ушибить разбойников. А потом нагнулся к кувшинам и прошептал:

— Сидите тихо и не двигайтесь. Ночью я выйду к вам и сам поведу вас в дом.

И разбойники шёпотом ответили из кувшинов:

— Слушаем и повинуемся, атаман!

Атаман вошёл в дом и поднялся в комнату, где уже был приготовлен столик для ужина. Али-Баба ждал его, сидя на низенькой скамейке, покрытой ковром. Увидев гостя, он крикнул Марджане:

— Эй, Марджана, прикажи зажарить курицу и приготовь побольше блинчиков с мёдом! Я хочу, чтобы мой гость был доволен нашим угощением.

— Слушаю и повинуюсь, — сказала Марджана. — Я приготовлю всё это сама, своими руками.

Она побежала на кухню, живо замесила тесто и только что собралась печь блинчики, как вдруг увидела, что масло всё вышло и жарить не на чем.

— Вот беда! — закричала Марджана. — Как же теперь быть? Уже ночь, масла нигде не купишь. И у соседей не достанешь, все давно спят. Вот беда!

Вдруг она хлопнула себя по лбу и сказала:

— Глупая я! Говорю, что нет масла, а здесь, под окном, стоят сорок кувшинов с маслом. Я возьму немного у нашего гостя, а завтра чуть свет куплю масла на рынке и долью в кувшин.

Она зажгла светильник и вышла во двор. Ночь была тёмная, пасмурная. Всё было тихо, только мулы у колодца фыркали и звенели уздечками.

Марджана высоко подняла светильник над головой и подошла к кувшинам. И как раз случилось так, что ближайший кувшин был с маслом. Марджана открыла его и стала переливать масло в котёл.

А разбойникам уже очень надоело сидеть в кувшинах скрючившись. У них так болели кости, что они не могли больше терпеть. Услышав шаги Марджаны, они подумали, что это атаман пришёл за ними, и один из них тихо сказал:

— Наконец-то ты пришёл, атаман! Скорее позволь нам выйти из этих проклятых кувшинов и дай расправиться с хозяином этого дома, нашим врагом.

Марджана, услышав голос из кувшина, чуть не упала от страха и выронила светильник. Но она была умная и храбрая девушка и сразу поняла, что торговец маслом — злодей и разбойник, а в кувшинах сидят его люди и что Али-Бабе грозит страшная смерть.

Она подошла к тому кувшину, из которого послышался голос, и шепнула:

— Скоро придёт пора. Молчи, а то тебя услышат собаки. Их на ночь спустили с цепи.

Потом она подошла к другому кувшину и спросила:

— Кто тут?

— Я, Хасан, — ответил голос из кувшина.

— Будь готов, Хасан, я скоро освобожу тебя.

Так она обошла все кувшины и узнала, что в тридцати восьми кувшинах сидят разбойники и только в два кувшина налито масло.

Марджана схватила котёл с маслом, побежала на кухню и нагрела масло на огне так, что оно закипело. Потом вышла во двор и плеснула кипящим маслом в кувшин, где сидел разбойник. Тот не успел и крикнуть — сразу умер. Покончив с одним врагом, Марджана принялась за других. Она кипятила масло на огне и обливала им разбойников, пока не убила всех. А затем она взяла сковородку и нажарила много румяных блинчиков, красиво уложила их на серебряное блюдо, облила маслом и понесла наверх, в комнату, где сидели Али-Баба и его гость.

Али-Баба не переставал угощать атамана разбойников, и скоро тот так наелся, что еле мог двигаться. Он лежал на подушках, сложив руки на животе, и тяжело дышал. Али-Баба увидел, что гость сыт, и захотел повеселить его. Он крикнул Марджане:

— Эй, Марджана, спляши для нашего гостя самую лучшую из своих плясок!

— Слушаю и повинуюсь, господин, — ответила Марджана с поклоном. — Позволь мне только пойти и взять покрывало, потому что я буду плясать под покрывалом.

— Иди и возвращайся, — сказал Али-Баба.

Марджана убежала к себе в комнату, завернулась в вышитое покрывало и спрятала под ним острый кинжал. А потом она возвратилась и стала плясать.

Али-Баба и атаман разбойников смотрели на неё и качали головами от удовольствия.

И вот Марджана посреди танца стала всё ближе и ближе подходить к атаману. И вдруг она, как кошка, прыгнула на него и, взмахнув кинжалом, вонзила его в сердце разбойника. Разбойник громко вскрикнул и умер.

Али-Баба остолбенел от ужаса. Он подумал, что Марджана сошла с ума.

— Горе мне! — закричал он. — Что ты наделала, безумная? В моём доме убит чужеземец! Стыд и позор на мою голову!

Марджана опустилась на колени и сказала:

— Выслушай меня, господин, а потом делай со мной что хочешь. Если я виновата, убей меня, как я убила его.

И она рассказала Али-Бабе, как она узнала о разбойниках и как погубила их всех.

Али-Баба сразу понял, что это те самые разбойники, которые приезжали к пещере и убили Касима.

Он поднял Марджану с колен и громко закричал:

— Вставай, Зейнаб, и разбуди Фатиму! Нам грозила страшная смерть, а эта смелая и умная девушка спасла всех нас!

Зейнаб и Фатима сейчас же прибежали и крепко обняли Марджану, а Али-Баба сказал:

— Ты не будешь больше служанкой, Марджана. С этого дня ты будешь жить вместе с нами, как наша родная сестра.

И с этих пор они жили спокойно и счастливо, пока не пришла к ним смерть.

Синдбад-мореход

Первое путешествие

Жил когда-то в городе Багдаде купец по имени Синдбад. Отец оставил ему в наследство много денег, но Синдбад с детства привык к беззаботной жизни и быстро растратил почти все деньги отца. И пришлось ему продать свой дом, чтобы купить корабль и заняться торговлей в заморских странах.

Долго плыл его корабль по океану, как вдруг вдали показалась земля, и все матросы очень обрадовались:

— Земля! Земля!

Корабль остановился неподалёку от берега, и матросы вместе с Синдбадом подплыли на лодках к большому зелёному острову. Прекрасные цветы, высокие, красивые деревья росли на этом острове. А на ветвях деревьев звонко пели заморские птицы. И матросы, вдоволь налюбовавшись этим дивным зрелищем, развели на лужайке костёр и стали готовить себе обед.

Но не успели они пообедать, как раздался громкий голос капитана, кричавшего с корабля:

— Скорее, скорее! Бросайте всё и возвращайтесь на корабль! Иначе вы все погибнете!

Но матросы уже и сами перепугались, потому что остров вдруг задрожал, зашевелился и стал погружаться в воду. Матросы кинулись к лодкам, но лодки перевернулись, и мало кто из команды добрался до корабля, потому что на самом деле это был вовсе не остров, а гигантская рыба, которая заснула триста лет назад. Её спина торчала из воды так долго, что сначала покрылась песком, а потом обросла травой, цветами и даже деревьями. Но когда матросы развели на спине у рыбы огонь, она проснулась от сильного жара и погрузилась в океан. И на этом месте поднялась настоящая буря. Высоченные волны обрушились на корабль и помчали его в неведомую даль. К счастью, Синдбад вынырнул на поверхность океана и успел ухватиться за опрокинутую лодку.

Два дня его носило по волнам, а на третий прибило к берегу какой-то неведомой земли. Выбравшись на берег, Синдбад упал и лишился чувств. А когда очнулся, увидел рядом с собой людей. Они дали Синдбаду напиться воды, а потом спросили:

— Кто ты и как сюда попал?

И Синдбад рассказал им про своё путешествие и про гигантскую рыбу, которую все приняли за остров. А потом спросил у чужеземцев:

— А вы кто такие?

И те ответили, что служат у царя Индии, и привели Синдбада к своему царю. И царь, выслушав историю Синдбада, очень удивился и сказал:

— Ты умный и храбрый человек, Синдбад. Оставайся у меня, и я сделаю тебя богатым человеком. Будешь служить начальником гавани.

И Синдбад согласился. Каждый день он проводил время в гавани и записывал прибывающие в Индию корабли. Он надеялся, что когда-нибудь появится у пристани корабль из Багдада. И вот однажды Синдбад увидел корабль, очень похожий на его собственный. Он поднялся на борт корабля и сразу узнал капитана и уцелевших в буре матросов. И конечно, очень обрадовался.

— Как я рад, — воскликнул он, — что вы живы и добрались до Индии!

Но капитан не поверил ему и спросил:

— Кто ты такой?

— Неужели вы меня не узнали? — удивился Синдбад. — Я — Синдбад, хозяин этого корабля!

— Этого не может быть! Ты просто обманщик! — крикнул капитан. — Мы видели собственными глазами, как Синдбад утонул!

Тогда Синдбад напомнил капитану, как нанимал его в Багдаде и как они приняли огромную рыбу за остров, а потом рассказал о том, как он спасся от неминуемой гибели. И только после этого капитан и матросы признали Синдбада и тоже очень обрадовались. Зато царь Индии весьма огорчился, узнав о том, что Синдбад хочет вернуться на родину. Царь полюбил Синдбада и долго уговаривал его остаться в Индии, но Синдбад не согласился. Тогда царь купил все его товары и на прощание подарил Синдбаду много золота.

А Синдбад накупил в Индии много других товаров, которых не было в Багдаде, и вернулся домой. Дома он продал всё, что привёз из Индии, и снова разбогател. И дал себе слово никогда больше не покидать родной Багдад. На этом и закончилось первое путешествие Синдбада-морехода.

Второе путешествие

Но очень скоро Синдбад нарушил своё слово и снова отправился в путешествие. Его большой корабль был полон дорогих товаров, но Синдбад отправился в путь не только из-за денег. Больше всего на свете он хотел повидать новые города и страны. И его желание исполнилось. Много стран и городов посетил Синдбад во время своего путешествия, много удивительного узнал он за это время. Но самое удивительное случилось с ним на обратном пути.

Однажды, чтобы пополнить запасы пресной воды, матросы Синдбада бросили якорь возле большого острова и вместе с Синдбадом сошли на берег. И сделали это не напрасно, потому что на этом острове оказалось много ручьёв с пресной водой и вдобавок — деревьев с вкусными, душистыми плодами.

Обрадованные матросы разбрелись по острову кто куда, а Синдбад, утолив жажду и голод, улёгся в густых лесных зарослях и крепко заснул. А когда проснулся, то обнаружил, что корабль уже уплыл. Матросы забыли про Синдбада и вспомнили о нём, когда корабль был уже далеко и никто уже не знал, где находится остров.

В отчаянии Синдбад долго бегал по острову, но, сколько он ни кричал, никто не откликался. Тогда он залез на высокое дерево и увидел далеко впереди высокую белую башню. «Наверное, это башня дворца, — обрадовался Синдбад. — А это значит, что я не один на острове». И он помчался через лесные заросли к далёкой белой башне. Но оказалось, что это не башня, а огромный белый шар, такой высокий и гладкий, что забраться на него было невозможно.

Изумлённый Синдбад никак не мог понять, откуда взялся этот огромный шар на пустынном острове. Как вдруг небо потемнело, налетел ветер, и Синдбад решил, что надвигается дождь и тучи закрыли солнце. Но это были не тучи, а крылья птицы Рухх. И Синдбад догадался, что белый шар — это яйцо птицы Рухх. Сложив свои громадные, как паруса, крылья, птица Рухх опустилась на яйцо, а длинные и толстые, как

пальмы, ноги вытянула на земле. И Синдбад сразу придумал, как ему покинуть необитаемый остров.

Он снял с головы тюрбан, размотал его и привязал себя к ноге птицы Рухх. Утром птица взлетела в небо и даже не заметила Синдбада, который был для неё не больше червяка. Долго она летела над океаном, пока не добралась до земли, покрытой высокими горами. Здесь она опустилась вниз и, схватив когтями гигантскую змею, снова поднялась в небо. Но Синдбад успел развязать тюрбан и остался в долине, окружённой скалистыми горами.

К этому времени из-за гор показалось солнце, и вся долина вдруг засверкала яркими, разноцветными огнями. Синдбад огляделся и ахнул от изумления, потому что вся долина была покрыта самыми настоящими алмазами. Но не успел он обрадоваться, как из холодных горных ущелий поползли со всех сторон ужасные змеи, чтобы погреться на солнце. К счастью, все они были сыты и очень скоро задремали под солнечными лучами. И Синдбад, недолго думая, набрал и спрятал за пазуху целую кучу крупных алмазов и стал размышлять, как ему выбраться из змеиной долины.

И тут к его ногам вдруг упал большущий кусок мяса. Синдбад поднял глаза и увидел огромный утёс, свисающий над долиной. «Что за чудеса? — удивился Синдбад. — В первый раз вижу, чтобы с неба падало мясо!» И внезапно он вспомнил, что когда-то уже слышал об этой алмазной долине и о том, как хитрые купцы добывают алмазы из этой долины. Они бросают вниз с утёсов громадные куски сырого мяса, к которым прилипают алмазы, и ждут, когда налетевший орёл поднимет мясо на склон горы. Здесь купцы поднимают страшный шум, и орёл, забыв о мясе, улетает прочь, а купцы подбирают алмазы и продают их за большие деньги.

Вспомнив об этом, Синдбад привязал себя к мясу в надежде, что какой-нибудь орёл поднимет его на гору вместе с мясом. Так оно и случилось. Могучий орёл поднял Синдбада вместе с мясом и опустился с добычей на склоне горы. В тот же миг в него полетели палки и камни, и орёл улетел прочь. Тогда из-за деревьев выскочили купцы, но никаких алмазов на мясе не оказалось, и купцы стали ругаться и кричать:

— Что за напасть! Мы уже три дня бросаем мясо в эту проклятую долину и всё понапрасну!

Тут они заметили Синдбада и закричали хором:

— Кто ты и откуда взялся?

И Синдбад рассказал купцам, кто он и как попал в долину алмазов вместе с птицей Рухх. И купцы слушали его и не верили своим ушам, так удивительно всё это было. А потом Синдбад сказал:

— Знайте, купцы, что я ваш друг и в знак своей дружбы дарю вам половину алмазов, которые я успел собрать в долине.

И Синдбад подарил купцам половину своих алмазов, и купцы были счастливы и полюбили Синдбада всей душой. Они дали ему дорогую одежду, накормили и повели его через степи, пустыни и равнины в свой город, откуда лежал путь в Багдад.

Путь был долгий, и по дороге Синдбад перевидал немало чудес. Но самым поразительным среди них был Каркаданн — чудовищный бык с огромный рогом посреди головы. Этот бык был в семь раз больше слона и мог убить слона одним ударом и носить слона на своём роге много дней, потому что его рог протыкал слона насквозь. Но если Каркаданн убивал слона, то очень скоро погибал и сам. От солнца жир слона таял и заливал Каркаданну глаза. А когда Каркаданн терял зрение, на него нападала птица Рухх и уносила

в своё гнездо вместе с убитым слоном. Вот какой могучей была птица Рухх.

Долго, очень долго Синдбад добирался к себе домой. Но в конце концов он всё-таки вернулся в Багдад, на радость родным и друзьям. И конечно, продал все свои алмазы и стал ещё богаче, чем раньше.

На этом и закончилось второе путешествие Синдбада-морехода, о котором он ещё много раз потом вспоминал.

Третье путешествие

Да, Синдбад не раз вспоминал о своих приключениях в кругу друзей и был уверен, что уже никогда не покинет родной Багдад. Но однажды к нему в дом пожаловал какой-то странный торговец фруктами. Он был очень смуглый, с длинной чёрной бородой и выглядел как чужеземец. А его апельсины, персики, груши, гранаты были необычайно крупные и вкусные. Синдбад никогда раньше не видел и не ел таких вкусных плодов и спросил у торговца:

— Где растут такие чудесные плоды?

— На острове Серендибе, — ответил торговец. — Я там живу. Но часто плаваю по свету и торгую такими плодами.

— Остров Серендиб? — удивился Синдбад. — Никогда прежде я не слышал об этом острове. А что это за остров?

— О господин! — ответил торговец. — Что это за остров, ты поймёшь только тогда, когда увидишь его собственными глазами. Серендиб — это остров чудес. Едва ты ступишь на его берег, как забудешь обо всём на свете — так прекрасно поют наши птицы. А цветы наши горят, как драгоценные камни. И есть среди них такие, что смеются утром, встречая солнце, а вечером опускают головки и плачут. А море вокруг Серендиба всегда тёплое и такое прозрачное, что видны все жемчужины, которыми усеяно морское дно: белые, розовые, чёрные — всех не перечесть. И у каждого жителя нашего острова столько жемчуга, что он ни в чём не нуждается и живёт в богатстве и радости...

— Если всё это правда, — удивился Синдбад, — то зачем ты скитаешься на чужбине, торгуя фруктами?

— Потому что я люблю путешествовать, — ответил торговец, — и делаю это не ради денег.

— Значит, ты такой же, как я, — рассмеялся Синдбад и, заплатив торговцу за его плоды, распрощался с ним навсегда.

Но на следующий день Синдбад сказал своим родным:

— Решено! Я сегодня же отправляюсь в путешествие! Даже не отговаривайте меня, я должен отыскать остров Серендиб!

И в тот же день вместе со своими друзьями, тоже купцами, он покинул Багдад на большом корабле, капитаном которого был Бузург, очень старый и толстый моряк. Но лучшего капитана, чем он, в Багдаде не было.

Погода была тихая, ясная, и корабль Синдбада, подгоняемый попутным ветром, мчался на всех парусах к далёкому Серендибу. Но через несколько дней вдруг

начался шторм и разразилась настоящая буря. Громадные волны швыряли корабль, как щепку, и Синдбад с товарищами уже прощались с жизнью, но неожиданно ветер утих, и буря кончилась. Радости путешественников не было предела, но впереди их ждала новая беда, ещё пуще прежней.

— О горе нам! — вскричал капитан Бузург, стоявший у руля. — Мы попали в страшное течение, из которого нам уже не выбраться! Это течение принесёт нас к Стране мохнатых, где живут люди, мохнатые, как обезьяны. Мы все погибнем в этой стране!

И как ни пытались моряки вырваться из этого ужасного течения, их корабль прибило к берегу, где жили мохнатые люди. Очень маленькие, кривоногие и покрытые шерстью, они были очень жестокие и злые. И не успели спутники Синдбада опомниться, как огромная толпа мохнатых людей вскарабкалась на корабль. Дикие пришельцы в один миг забрались на мачты, сорвали паруса и набросились на моряков. Моряки храбро сражались, но силы были слишком неравны, и почти вся корабельная команда была перебита. В живых остались только несколько человек. Они успели покинуть корабль и скрыться в лесу. Среди них был и Синдбад.

Долго они пробирались через лес, пока не выбрались на большую поляну, посреди которой стоял очень высокий и грубо сколоченный дом. Дом был окружён такой же высокой оградой, и когда Синдбад и его товарищи вошли во двор, то увидели разбросанные вокруг жаровни обглоданные кости и остатки жареного мяса. Но в доме никого не было, и измученные путники уселись во дворе в ожидании хозяина.

Очень скоро они задремали и проснулись от таких тяжёлых шагов, словно к ним приближался слон. Но это был не слон, а хозяин дома, страшный великан.

Огромные клыки торчали у него изо рта, как бивни. А рот был величиной с пещеру. От его хриплого дыхания срывалась листва с деревьев, а в руке он нёс горящий факел величиной с дерево.

Синдбад и его друзья окоченели от ужаса, а великан подошёл к ним, выбрал самого толстого, это был капитан Бузург, швырнул его в жаровню, зажарил и съел. Потом он запер ворота, улёгся на землю и захрапел.

— Лучше бы нам погибнуть в море, чем в желудке у этого чудовища! — заплакали моряки.

— Не плачьте! — воскликнул Синдбад. — Я знаю, что делать!

Он раскалил на огне два длинных, острых вертела, поднёс их к закрытым глазам спящего великана и скомандовал друзьям:

— Скорее ко мне! Навалимся все вместе на вертела и проткнём ему глаза!

И Синдбад вместе с моряками проткнули великану глаза. В тот же миг людоед вскочил с оглушительным рёвом и стал гоняться за своими пленниками. Но он ничего не видел и в ярости разнёс всю ограду вокруг дома. Моряки с громкими криками помчались в лес, и великан погнался за ними следом. Но хитрый Синдбад приказал всем тихонько вернуться назад и сказал:

— Великан разломал ограду, а мы заберём его ворота и сделаем из них плот.

Но когда моряки смастерили плот и поплыли в море, слепой великан услышал, как бьют по воде доски, из которых беглецы смастерили вёсла. Конечно, он не видел уплывающих беглецов, но на его крик прибежали ещё два великана. Они стали швырять вслед беглецам огромные камни, и плот перевернулся. К несчастью, не все спутники Синдбада умели плавать, и некоторые захлебнулись в воде. В живых остались только Синдбад и двое его друзей, Ахмед и Хасан.

Они снова забрались на плот и поплыли по течению, потому что вёсел у них уже не было. И теперь им грозила смерть от голода и жажды. Но им снова повезло. Через несколько дней вдали показалась земля, и, как только плот прибило к берегу, Синдбад и его друзья выбрались на сушу и, напившись воды из ручья, заснули крепким сном под развесистыми деревьями...

Увы, здесь их тоже подстерегала беда. Едва Синдбад погрузился в сон, как его разбудил какой-то непонят-

ный звук, словно где-то рядом корова пережёвывала зубами солому: «Хруп, хруп, хруп...» Синдбад поднял голову и увидел рядом с собой гигантскую змею, которая неторопливо заглатывала свою добычу. Синдбад пригляделся к её широченной пасти и вскрикнул от ужаса. Из пасти змеи торчали ноги Ахмеда.

Проглотив Ахмеда, змея уползла в лес, и тогда Синдбад вспомнил про Хасана. Неужели змея проглотила и его?

— Хасан! Хасан! — закричал Синдбад. — Где ты?

— Я здесь! — откликнулся Хасан.

И Синдбад обнаружил, что Хасан сидит среди ветвей, на высоком дереве. Недолго думая, Синдбад вскарабкался на дерево и примостился рядом с Хасаном. За весь день они ни разу не сомкнули глаз, но вечером уснули. И когда на рассвете Синдбад открыл глаза, то Хасана на дереве уже не было. Внизу, под деревом, валялись его старые сандалии, и Синдбад понял, что Хасана тоже проглотила змея.

Тогда он спустился с дерева и побежал к берегу. Что толку сидеть на дереве, если тебя всё равно проглотит змея... Он нашёл плот и снова поплыл на нём в открытое море. «Лучше я погибну в морской пучине, — подумал Синдбад, — чем в змеином животе!» И в тот же день счастье наконец-то улыбнулось ему — он увидел совсем близко парус корабля и кричал до тех пор, пока матросы не заметили его.

Но, когда Синдбада подняли на борт, он ещё больше обрадовался, потому что узнал капитана и матросов того самого корабля, на котором отправился во второе путешествие.

— Я заснул на острове, — напомнил он капитану, — а вы забыли про меня! Я — Синдбад-мореход!

— Не может быть! — не поверил капитан. — Синдбад-мореход пропал без вести!

Но тут к капитану подошёл один из купцов, плывших на корабле, и сказал:

— Капитан! Помнишь, я рассказывал тебе про алмазную долину и про человека, которого принёс орёл вместе с куском мяса? Этого человека звали Синдбад-мореход, и этот человек сейчас перед вами! Я узнал его! Он говорит правду!

И тогда капитан тоже признал Синдбада и сказал:

— Прости, Синдбад, что я сразу не узнал тебя. Я рад, что ты жив. Мы продали все твои товары и сохранили все твои деньги. Возьми их себе.

И Синдбад снова вернулся в Багдад. И возблагодарил судьбу за то, что остался жив. И снова дал себе слово, что никогда больше не покинет Багдад.

Так завершилось третье путешествие Синдбада.

Четвёртое путешествие

Хорошо и весело жилось Синдбаду в родном Багдаде, среди любимых друзей. Но очень скоро он забыл о том, что едва не погиб в Стране мохнатых, нанял большой корабль и снова отправился в плавание — на этот раз в Индию.

Но корабль так и не доплыл до Индии. По дороге он сел на мель и затонул. Спаслись только Синдбад и ещё десять матросов, потому что все они умели хорошо плавать и добрались до берега какой-то неизвестной земли.

Целый день они шли куда глаза глядят, пока не увидели вдали башни царского дворца. Царские слуги тоже заметили чужеземцев и привели их к своему царю. Выслушав Синдбада, царь сказал:

— Не горюйте! Я помогу вам вернуться домой. Но сначала вам надо отдохнуть и как следует поесть. Вы, наверное, умираете с голоду?

Это была правда. Синдбад и его товарищи ужасно хотели есть и, поблагодарив царя за его доброту, уселись за стол. Но кушанья, которые принесли слуги, были до того странные на вид, что Синдбад не притронулся к ним. Зато его друзья съели всё, что было в мисках, и даже попросили добавки. Царь остался очень доволен и спросил у Синдбада, почему он ничего не ест. Но Синдбад сказал, что у него морская болезнь и он не может проглотить ни кусочка.

Синдбад ещё не знал, что царь этой страны — людоед и съедает всех чужеземцев. Но почуял неладное и с этого дня питался только ягодами, которые собирал на лугах и полянах. И правильно делал, потому что от царских кушаний спутники Синдбада быстро жирели, теряли разум и ничем уже не отличались от животных. Очень скоро они уже ели, как свиньи, из общего корыта на лужайке, куда их пригонял пастух.

Синдбад же так ослабел от голода, что царские слуги перестали его стеречь. Пусть себе гуляет, всё

равно не убежит. Но однажды добрый пастух пожалел Синдбада и сказал ему:

— Если хочешь спастись, ступай по тропинке, что ведёт через лес. За лесом — река, и если пойдёшь вдоль берега, то очень скоро ты покинешь нашу страну, и тебя уже не вернут назад.

Синдбад так и сделал. Семь дней он шёл по указанной дороге и наконец, когда силы уже почти покинули его, встретил людей из соседней страны, где правил царь Тайгамус. Выслушав печальную историю Синдбада, он воскликнул:

— То, что случилось с тобой, достойно удивления! Но теперь твоя жизнь спасена, Синдбад. Ты славный человек, оставайся жить у меня!

И Синдбад согласился. А что ему оставалось делать? Несколько лет он прожил у царя Тайгамуса. За это время он женился, обзавёлся друзьями и понемногу стал забывать свою прежнюю жизнь в Багдаде. Но однажды к Синдбаду пришёл один из его новых друзей, Абу-Мансур, и сказал:

— У меня большое горе, Синдбад! Моя жена умерла!

— Это ужасно! — воскликнул Синдбад. — Но ты ещё молод и женишься снова! У тебя вся жизнь впереди!

— Нет, Синдбад, — ответил Абу-Мансур. — Ты ошибаешься. Моя жизнь тоже кончена. По закону моей страны, если умирает жена, мужа хоронят вместе с ней.

«Какой страшный и жестокий обычай! — подумал Синдбад. — К счастью, я чужеземец и на меня этот закон не распространяется». Потом он пришёл к царю и стал умолять его пощадить Абу-Мансура. Но царь ответил Синдбаду:

— Я не могу нарушить закон ради одного человека. Абу-Мансура похоронят вместе с его женой.

Тогда Синдбад спросил у царя:

— А если умрёт моя жена, то меня тоже похоронят вместе с ней?

— Конечно, — ответил царь. — А если умрёшь ты, то жену похоронят вместе с тобой.

— Но я ведь чужеземец!

— Это неважно, — ответил царь. — Ты ведь живёшь в нашей стране. Но ты зря беспокоишься, Синдбад. У тебя очень молодая жена, она переживёт тебя.

С этого дня Синдбад боялся только одного — как бы его жена не умерла. Но от судьбы не уйдёшь... И однажды случилось то, чего так боялся Синдбад. Его молодая жена тяжело заболела и умерла. В тот же день все друзья и даже сам царь пришли к Синдбаду утешать его. Но можно ли утешить человека, если он сам обречён на смерть?

На жену Синдбада, по обычаю, надели все её драгоценности и отнесли её на вершину горы, где была глубокая пещера, в которую опускали умерших. Бедный

Синдбад хотел убежать, но его схватили и опустили в пещеру вслед за женой. После этого вход в пещеру завалили огромным камнем, и Синдбад остался один среди мёртвых, которые уже давно покоились в этой огромной могиле.

Ужас охватил Синдбада. Он вспомнил Багдад, родных и друзей, которых уже никогда не увидит, и горько заплакал. Но что толку горевать, если горем делу не поможешь?

Перед тем как опустить в могилу, ему дали с собой кувшин воды и семь лепёшек. Синдбад съел две лепёшки, запил их водой и стал думать, как ему спастись. Но сколько Синдбад ни думал, он ничего не мог придумать. Через три дня кончилась и еда, и вода, и Синдбад стал готовиться к смерти.

Он лёг рядом с женой и закрыл глаза. Как вдруг ему почудился слабый шорох. Где-то в глубине пещеры кто-то фыркал и скрёб когтями землю. «Может быть, это крот?» — подумал Синдбад и стал пробираться туда, откуда доносился шум. Почуяв Синдбада, зверь испугался и убежал. Но Синдбад уже заметил далеко впереди тусклый луч света. Надежда вспыхнула в груди Синдбада, он пополз дальше по узкому проходу и добрался до выхода из пещеры.

Не помня себя от радости, он выбрался на поверхность земли и очутился на берегу моря. Какое счастье! Он вырвался из этой ужасной могилы, он жив, и, может быть, его подберёт какой-нибудь корабль! И вдруг его осенило: а что, если вернуться в пещеру, где вместе с умершими лежат драгоценности, которым нет числа? Кому нужны драгоценности в могиле?..

И Синдбад снова вернулся в пещеру. Там он собрал целую груду прекрасных драгоценностей: перстни, кольца, ожерелья, бриллианты — всё это Синдбад завернул в свой плащ и вернулся на берег моря.

Целыми днями он бродил по берегу, утоляя голод плодами с деревьев, росших у подножия горы. И наконец судьба сжалилась над ним: он увидел корабль, плывший неподалёку от берега. В ту же минуту Синдбад привязал к длинной палке свою рубашку и стал, как безумный, размахивать ею над головой. И матросы заметили его.

Корабль остановился, и капитан приказал спустить на воду лодку. Но Синдбад не выдержал, бросился в воду и поплыл навстречу лодке. А когда поднялся на корабль, то обрадовался ещё больше, потому что корабль направлялся в сторону Багдада.

Все матросы вместе с капитаном затаив дыхание слушали историю приключений Синдбада. Он и сам удивлялся, как ему удалось спастись, и хотел только одного — поскорей вернуться домой. В благодарность за своё спасение Синдбад подарил капитану большой драгоценный камень, и капитан был просто счастлив. Он сказал, что весь его корабль стоит ровно столько, сколько этот камень. Так оно и было на самом деле.

Все остальные драгоценности Синдбад привёз домой и стал самым богатым человеком в Багдаде. На этом и закончилось его четвёртое путешествие.

Пятое путешествие

Но тот, кто рождён быть путешественником, ни за что не усидит дома и рано или поздно снова отправится в путь. Так случилось и с Синдбадом-мореходом. Ему надоела богатая и спокойная жизнь в Багдаде. Он снова нанял большой корабль и вместе с другими купцами отправился торговать в заморские страны.

На этот раз бури и штормы миновали его корабль. И Синдбад был уверен, что благополучно вернётся домой. Но на обратном пути корабль остановился возле небольшого пустынного острова. Матросы заметили, что посреди острова возвышается огромный, как башня, белый купол, и упросили капитана бросить якорь недалеко от берега.

— Не делайте этого! — закричал Синдбад, который сразу догадался, что белый купол — это яйцо птицы Рухх.

Но матросы его и слушать не стали. Они высадились на берег, окружили громадное яйцо и стали колотить по нему дубинками.

— Остановитесь! — кричал Синдбад. — Или вы все погибнете!

Но в этот миг яйцо раскололось, и из него вылез огромный, неуклюжий птенец. Матросы зарубили его саблями, зажарили и стали есть.

— Скорее возвращайтесь на корабль! — кричал матросам Синдбад. — Это яйцо птицы Рухх! Это её птенец!

Но было уже поздно. Из-за высоких скал в небе показалась птица Рухх. Огромная и страшная, она испустила такой дикий, оглушительный крик, что матросы едва удержались на ногах и кинулись вплавь к кораблю. Но вслед за первой птицей Рухх появилась вторая — это был отец убитого птенца. Обе птицы, покружив над разбитым яйцом, оторвали от прибрежных скал громадные, как утёсы, камни и взлетели высоко вверх над кораблём.

Только теперь матросы и купцы поняли, что им грозит неминуемая гибель. Но первый камень, брошенный птицей Рухх, пролетел мимо корабля и упал в море, подняв такой бешеный шквал воды, что матросы едва не захлебнулись. Зато второй камень угодил в палубу, и корабль от страшного удара развалился на куски и мгновенно затонул. А вместе с ним утонули все матросы и купцы.

Сам Синдбад уцелел только чудом. Он успел ухватиться за широкую корабельную доску и целых три дня плыл на ней по морю, пока волны не выбросили его на безлюдный берег.

К счастью, неподалёку от берега росли деревья с чудесными яблоками, грушами, апельсинами, и Синдбад утолил свой голод и напился из ручья чистой, прозрачной воды. С удивлением он шёл по цветущей, плодородной земле, но так и не встретил на своём пути ни одного человека. И только на следующий день он заметил на берегу ручья маленького, дряхлого старичка в плаще из веток и листьев.

— Долгой тебе жизни, старик! — обрадованно воскликнул Синдбад. — Кто ты и как зовётся эта земля?

Но старик ничего не ответил. Он так жалобно смотрел на Синдбада и так долго кивал на другую сторону ручья, что Синдбад понял, о чём просит старик. Посадил его на плечи и перенёс на другую сторону ручья. Добравшись до берега, Синдбад хотел ссадить старичка на землю, но не тут-то было. Старичок так крепко стиснул шею Синдбада своими твёрдыми, как сучья, ногами, что Синдбад едва не потерял сознание. А когда пришёл в себя, старичок стал бить его по голове кулаками и погнал к апельсиновым деревьям. Нарвав апельсинов, он съел их и погнал Синдбада к яблоням и грушам. А потом назад, к ручью. За всё

это время он не промолвил ни слова и обращался с Синдбадом как с нерадивым ослом.

— Проклятый старик! — кричал Синдбад. — Я пожалел тебя и помог, а ты оседлал меня и мучаешь, как бессловесное вьючное животное!

Но старичок только хихикал в ответ и обрушивал на Синдбада новые удары. Наконец он утомился и, стиснув, точно клещами, шею Синдбада своими костлявыми ногами, заставил его сесть у ручья. «Ну, подожди, злодей! — думал Синдбад. — Как только ты уснёшь, я сброшу тебя в ручей и утоплю!»

И в самом деле вечером старичок уснул. Но едва Синдбад прикоснулся к его ногам, чтобы разжать их, как проклятый старик так крепко сдавил шею Синдбада, что он едва не задохнулся. Очнулся Синдбад от новых ударов по голове. К этому времени старичок уже сладко выспался и снова погнал Синдбада к фруктовым деревьям. Вдоль дороги рос большой виноградник, а на земле, под спелыми гроздьями винограда, лежали высохшие тыквы. И Синдбад сразу придумал, как ему избавиться от злого старика. Он вдруг споткнулся и уселся рядом с большой тыквой отдохнуть. Старик задремал, а Синдбад пробил в тыкве дырку, вычистил её изнутри и наполнил виноградом.

Через несколько дней Синдбад обнаружил, что виноград в тыкве, разогретый солнечными лучами, превратился в настоящее вино. И стал его жадно пить. Заметив это, старичок отобрал тыкву у Синдбада и выпил всё вино до последней капли. И так развеселился, что стал хохотать, петь и бить Синдбада кулаками. К счастью, он так опьянел, что Синдбад без труда сбросил его на землю и кинулся прочь. Какое счастье, что он избавился от этого жуткого старика, который столько дней держал его в плену и мучил днём и ночью.

Теперь Синдбад все дни напролёт проводил на берегу и смотрел в море — не появится ли на горизонте парус. И в конце концов ему опять повезло. Рядом с островом появился корабль, и матросы тоже заметили Синдбада. Они взяли его на корабль и поплыли дальше. Очень скоро матросы бросили якорь у большого города, и Синдбад сошёл на берег. Он отправился на рынок, где купцы из разных стран продавали свои товары. Но никто из них не говорил на арабском языке, и Синдбад не понимал ни слова. Наконец он случайно столкнулся в толпе с торговцем, говорившим по-арабски, и очень обрадовался:

— Кто ты и откуда, почтенный купец?

— Я родом из Багдада, — ответил торговец. — А зовут меня Аджиб.

— Я тоже из Багдада! — воскликнул Синдбад. — И живу в Багдаде до сих пор, но судьба забросила меня в ваш город.

— Знай же, Синдбад, что наш город непростой. Недаром он называется Город обезьян.

Синдбад очень удивился, но Аджиб ему сказал:

— Ни о чём не спрашивай. Вечером сам всё увидишь.

И когда наступил вечер, Синдбад увидел, как по всем улицам города, покидая дома, бегут к берегу моря перепуганные люди.

— Куда они бегут и чего так боятся? — спросил Синдбад.

— Они боятся обезьян, — ответил Аджиб. — А бегут к лодкам, чтобы выйти в море, потому что через полчаса весь город будет полон обезьян. Взгляни на наши горы!

И тут Синдбад увидел, как по склонам гор в ночной темноте катится вниз целая лавина огоньков — это были обезьяны с факелами в руках. Не прошло и получаса, как обезьяны ворвались в город и сразу заполонили весь рынок. Некоторые из них нацепили на себя халаты и тюрбаны и уселись за прилавки, другие же прыгали у прилавков и с пронзительным писком расхватывали товары.

— Что они делают? — удивлённо спросил Синдбад.

— Торгуют, — ответил Аджиб. — В точности как люди. На то они и обезьяны. Только расплачиваются они не деньгами, а бананами...

И тут Синдбад увидел, что над толпами обезьян то и дело взлетают вверх жёлтые неочищенные бананы. Покупатели яростно спорили с торговцами, вырывая

у них из лап халаты, тюрбаны, тарелки, чашки, ложки... Гвалт над рынком стоял оглушительный! И Синдбад вдруг не выдержал и расхохотался. Но Аджиб только покачал головой:

— Это вовсе не смешно, Синдбад. Если бы люди остались в городе, обезьяны разорвали бы их на части. Вот почему мы ночуем только в лодках, а в городе живём лишь днём.

Утром, когда обезьяны покинули город, Аджиб сказал Синдбаду:

— Для того чтобы вернуться в Багдад, понадобится очень много денег, и я помогу тебе их раздобыть.

С этими словами он вручил Синдбаду мешок, и вдвоём они наполнили его камешками-голышами. И отправились в горы, где сидели на деревьях обезьяны.

— А теперь делай как я, — сказал Аджиб и стал швырять в обезьян камешки.

Синдбад поступил точно так же. Обезьяны, щёлкая зубами от злости, стали яростно отбиваться. Они срывали с деревьев орехи и швыряли их в людей. И когда мешок опустел и камней уже не осталось, у ног Синдбада и Аджиба лежала целая груда орехов.

— Но это же настоящие индийские орехи! — воскликнул Синдбад.

И в самом деле это были очень дорогие индийские орехи, Синдбад выручил за них на рынке много денег. А потом он снова отправился в горы вместе с Аджибом за орехами. И так они ходили в горы много раз и скопили столько золота, что смогли нанять корабль и отправиться в родной Багдад.

По дороге они торговали в разных странах индийскими орехами, которых захватили с собой великое множество. И привезли в Багдад столько золота, что половину раздали друзьям и родственникам. А друзей и родственников у Синдбада и Аджиба было очень много.

Так завершилось пятое путешествие Синдбада-морехода, о котором он ещё долго потом вспоминал и рассказывал.

Шестое путешествие

Да, Синдбад ещё долго вспоминал о своём последнем путешествии. Но его душа жаждала новых приключений. И в один прекрасный день он снова снарядил корабль и отправился в путь. Много дней его корабль плыл по тихому, безмятежному морю, но однажды буря всё-таки настигла путешественников. Это была даже не буря, а настоящий ураган. Никогда ещё Синдбад не видел таких огромных волн. Они швыряли и подбрасывали корабль, словно пёрышко. И несли его по морям и океанам так долго, что Синдбад потерял счёт дням.

Наконец, когда ураган ослабел, капитан забрался на самую высокую мачту и весь день напролёт провёл на ней, вглядываясь в морскую даль. Потом он спустился вниз и заплакал от горя.

— Прощайте, друзья! — воскликнул он. — Нам нет спасения! Ураган забросил нас в Последнее море, из которого никто ещё не возвращался!

Но тут вдали показалась земля, и все закричали:

— Земля! Земля! Мы спасены!

— Несчастные! — закричал капитан. — Вы ещё не знаете, какая страшная гибель ждёт вас!

И когда до заветного берега осталось совсем немного, из морской пучины вдруг вынырнули три рыбы, такие огромные, что корабль завертелся между ними, как бумажный кораблик. А рыбы, разинув свои громадные пасти, кинулись на корабль с трёх сторон. Но каждая из них хотела сама проглотить корабль, и между ними завязалась настоящая битва. Они так яростно колотили по воде хвостами, что устроили настоящую бурю!

Огромные волны подхватили корабль и помчали его к берегу. По дороге он налетел на скалы и разбился на кусочки. Вся команда корабля погибла, но Синдбаду опять повезло. Он чудом выбрался на берег и обнаружил, что на острове есть пресная вода. Напившись

из ручья, Синдбад пошёл дальше и добрался до реки, в которую впадал ручей. Недолго думая, он построил себе плот из древесины и сучьев и поплыл по течению дальше, вглубь незнакомой земли. Он очень надеялся, что рано или поздно река приведёт его к людям.

Так оно и случилось. Через несколько дней его заметили жители той страны и вытащили плот на берег. А когда Синдбад пришёл в себя, его отвели к царю, и царь спросил у Синдбада, из какой он страны. И Синдбад ответил:

— Я — Синдбад-мореход, купец из Багдада.

И тогда царь обнял Синдбада и сказал:

— Я слышал о тебе, Синдбад! Ты — великий мореплаватель, и слава о тебе идёт по всему миру! Оставайся у меня, я уже стар, и у меня нет наследников. Женись на моей дочери, и ты станешь царём после меня!

Синдбад долго молчал. Он не знал, что ответить, потому что хотел вернуться домой. Но когда он увидел дочь царя, то влюбился в неё и согласился взять её в жёны.

И всё-таки он часто тосковал по родному Багдаду. И однажды жена сказала ему:

— Синдбад! Я знаю, что ты меня любишь, но родину ты любишь ещё больше. Не думай обо мне, возвращайся в Багдад.

— А как это сделать? — спросил Синдбад.

— Слушай меня внимательно, — ответила дочь царя. — В начале каждого года у наших мужчин отрастают крылья, и они улетают в горы. Потом они возвращаются домой, и крылья исчезают. За тысячу динаров один из них унесёт тебя в другую страну, а оттуда ты доберёшься домой.

— Тогда улетим вместе! — воскликнул Синдбад.

— Нет, — сказала его жена. — Я тоже люблю свою родину и останусь с отцом. Не думай обо мне. Будь счастлив, Синдбад!

И когда начался новый год и у всех мужчин отросли крылья, жена Синдбада сдержала своё слово. Она подкупила верного стражника, а тот посадил Синдбада к себе на плечи и взлетел в небо. Всю ночь до рассвета они летели над морем, пока не увидели далеко внизу корабль.

— Скорее спускайся вниз! — закричал стражнику Синдбад.

И когда они опустились на корабль, капитан и все его матросы упали на колени. Они подумали, что это ангелы спустились с небес. Но Синдбад им сказал:

— Поднимитесь с колен! Я не ангел, я — Синдбад-мореход!

И когда царский стражник улетел, Синдбад обо всём рассказал изумлённому капитану. К счастью, капитан уже не раз слышал о Синдбаде и охотно предоставил ему свой корабль. А Синдбад щедро вознаградил его.

На этом и закончились удивительные морские приключения Синдбада-морехода, потому что, вернувшись в Багдад, Синдбад остался в нём навсегда. И никогда больше уже не путешествовал.

Содержание

Вступление
(М. Салье)
5

Аладдин и его волшебная лампа
(В пересказе М. Салье)
9

Али-Баба и сорок разбойников
(В пересказе М. Салье)
51

Синдбад-мореход
(В пересказе М. Тарловского)
85

УДК 821.411.21-34-93
ББК 84(0)9

Литературно-художественное издание
Для среднего школьного возраста
Серия «Все лучшие сказки»

ТЫСЯЧА И ОДНА НОЧЬ
Арабские сказки

Пересказ М. Салье, М. Тарловского

Художник В. Нечитайло

Дизайн обложки В. И. Никандровой

Ответственный редактор А. А. Малько
Художественный редактор М. В. Панкова
Технический редактор А. Т. Добрынина
Корректор И. С. Тимофеева
Верстка С. Е. Прудникова

Подписано в печать 10.09.21. Формат 84×108 $^{1}/_{16}$.
Бумага офсетная. Печать офсетная. Усл. печ. л. 13,44.
Тираж 10 000 экз. ID 19626. Заказ №5884/21.

ООО «РОСМЭН».
Почтовый адрес: 127521, г. Москва, ул. Шереметьевская, д. 47. Тел.: (495) 933-71-30.
Юридический адрес: 117465, г. Москва, ул. Генерала Тюленева, д. 29, корп. 1,
1-й эт., пом. II, комн. 1, 2, 3.

www.rosman.ru

12+
Знак информационной продукции согласно Федеральному закону от 29.12.2010 г. № 436-ФЗ

ОТДЕЛ ПРОДАЖ:
(495) 933-70-73; 933-71-30; (495) 933-70-75 (факс).

Дата изготовления: октябрь 2021 г. Отпечатано в России.

Әдеби-көркем басылым
Орта мектеп жасындағы балаларға арналған
Өндірілген күні: қазан 2021.
Ресейде басылған.
Өндіруші: «РОСМЭН» ЖШҚ. Заңды мекен-жайы: Ресей, 117465, Мәскеу қ.,
Генерал Тюленев к., 29-үй, 1-корп., 1-қаб., II-жай, 1, 2, 3-бөл.
Нақты мекен-жайы / пошталық мекен-жайы: Ресей, 127521, Мәскеу қ., Шереметьевская к., 47-үй.
Телефон: +7 (495) 933-71-30.
Наразылықтарды қабылдауға уәкілетті тұлға: «РОСМЭН» ЖШҚ.
www.rosman.ru
Тауар КО ТР 007/2011 сәйкес сертификатталған

Отпечатано в соответствии с предоставленными материалами
в ООО «ИПК Парето-Принт», 170546, Тверская область,
Промышленная зона Боровлево-1, комплекс №3А, www.pareto-print.ru

Т936 Тысяча и одна ночь : арабские сказки / пересказ М. Салье, М. Тарловского ; худож. В. Нечитайло. — М. : РОСМЭН, 2021. — 128 с. : ил. — (Все лучшие сказки).

Сказки из цикла «Тысяча и одна ночь», рассказанные умной и отважной Шахразадой (или Шехерезадой) жестокому царю Шахрияру, — пожалуй, одни из самых увлекательных сказок мира. Необыкновенные приключения героев, описания удивительных стран, яркие картины восточной жизни — все это делает их особенными и незабываемыми.

В книгу вошли «Аладдин и его волшебная лампа» и «Али-Баба и сорок разбойников» в пересказе Михаила Салье, а также «Синдбад-мореход» в пересказе Марка Тарловского. Неповторимый колорит и своеобразие средневекового Арабского Востока передают иллюстрации замечательного художника Виктора Нечитайло.

ISBN 978-5-353-09949-9

УДК 821.411.21-34-93
ББК 84(0)9